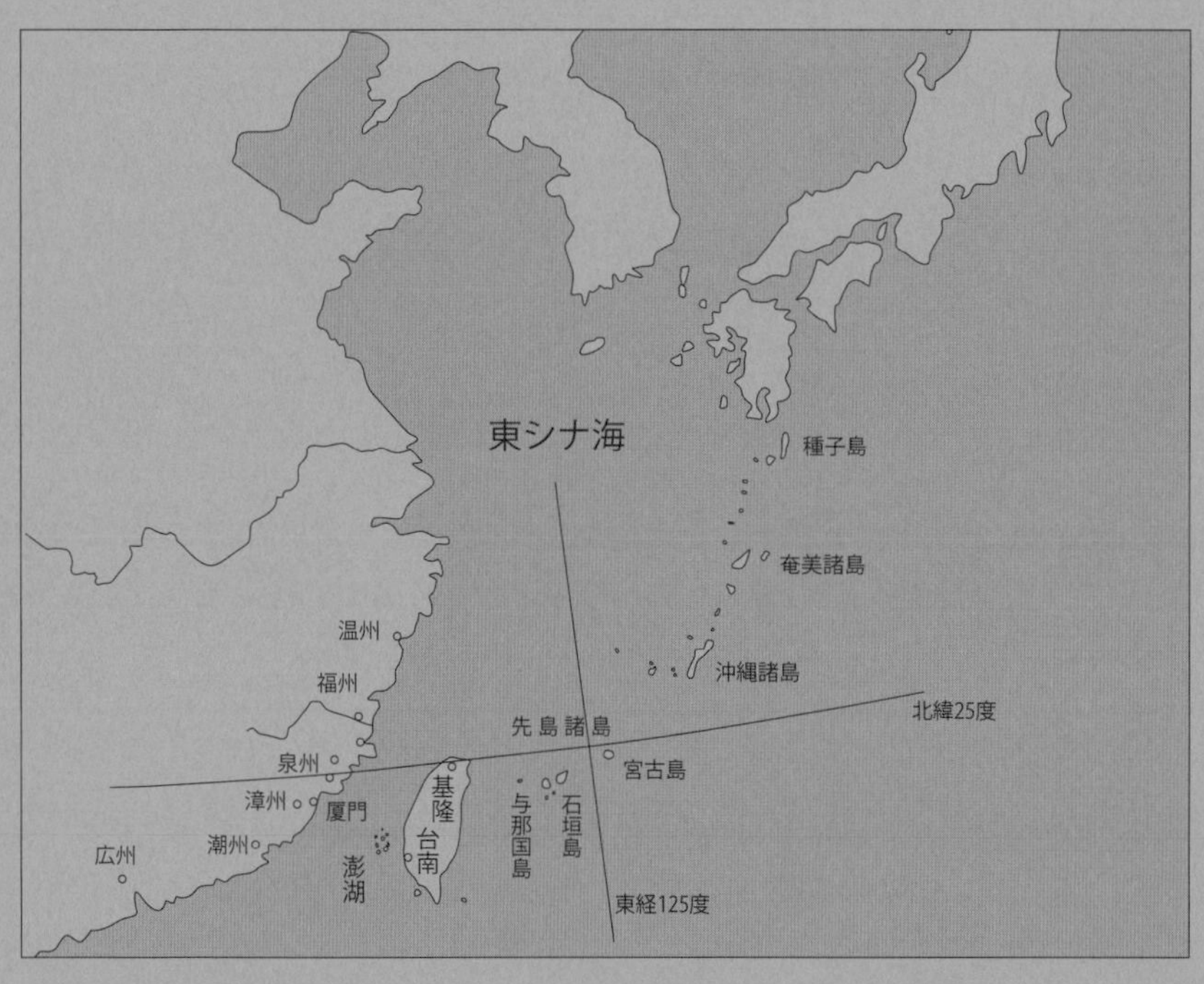
東シナ海
種子島
奄美諸島
沖縄諸島
北緯25度
先島諸島
宮古島
石垣島
与那国島
基隆
台南
澎湖
東経125度
温州
福州
泉州
漳州
厦門
潮州
広州

馬祖島
台湾海
金門島
基隆市
台北市
新竹市
台湾山脈
与那国島
高雄市

これならわかる

台湾の歴史

第2版

三橋広夫＝著

大月書店

読者のみなさんへ

私には台湾人の友人が三人います。

一人は中学校の同級生です。張君といいます。彼は中学生のときから将来は教師になるのだとはりきって勉強していました。ところが、もうすぐ大学も卒業だというころ、デパートに就職するというではありませんか。私が中学校の教師になるのだと言うと、彼はさびしそうな顔をしました。自分は、日本生まれだが台湾（中華民国）国籍なので公立学校の教師にはなれないのだ、ほんとうは教師になりたいのだ、と吐きだすように言いました。

そのときまで、日本の公立学校の教師になるには日本の国籍[★1]をもっていなければならないことなど、思ったこともありませんでした。だから、張君に何と言ったらよいかわからず、ただ黙っていました。

もう一人は大学時代の友人で、名前を頼さんといいます。台湾の大学を卒業してから日本の大学に入学してきたので、私より四歳年上でした。気さくな人で、あまり日本語が得意ではないのに、みんなによく話しかけていました。そのかいあって、四年生になったときには日本語がとても上手になりました。

★1　現在は、常勤講師という職であれば、外国人でも公立学校の教師になる道が開かれている。国籍条項の撤廃が望まれる。

台北市内

それから一五年ほどたった同窓会のときです。彼女は私たちをまじまじと見つめて、「みなさんに大学時代には決して口に出さなかったことがあります」と切り出しました。「私は国民党の独裁に反対していました。活動はしていなかったけれど、独立派の人たちが書いた本も読んでいました。そのことを言わなかったので、とても心苦しかった。でも、もし言って、それが台湾の秘密警察に伝わったら、台湾に帰ったとき逮捕されてしまうと思ったからです」

彼女が私たちに自分の考えを伝えたのは、台湾の民衆をきびしく抑えつける政治制度が変化してからでした。私は台湾にこんな歴史があったことを少しも知りませんでした。

最後にもう一人。私よりずっと年下の高君です。彼は日本生まれ、日本育ちで、日本語しか話せません。彼の祖父は、一九四五年八月に台湾が日本の植民地から解放されたとき、新しい台湾をつくろうといさんで故郷に帰りましたが、一年もせずに日本にもどってきてしまいました。大陸から国民党がやってきて、いばりちらしているのに失望し、日本で暮らそうと決心したと聞きました。

このように、私たちの身のまわりに台湾の現代史があるのです。

東シナ海に浮かぶ台湾島は、与那国島（よなぐにじま）★2（沖縄県）から一〇〇キロメートル、中国の福建省（フーチエン）から一五〇キロメートルしか離れていません。そして、フィリ

朝市（台北市内）

★2　与那国の言葉では「どぅなんちま」という。一九八二年に台湾の花蓮（かれん）市と姉妹都市となった。

ピンとはバシー海峡をはさんで一五〇〇キロメートルの距離です。

　このように海に囲まれた台湾島のほぼ中央を北回帰線（北緯二三度二七分）が通り、島の東には日本海流が流れ、島全体として亜熱帯性モンスーン気候となっています。島の半分は山地で、玉山★3（三九九〇メートル）など三〇〇〇メートル級の山々が連なり、海岸から山岳地にわたって亜熱帯―温帯―寒帯までの気候が分布しています。

　また、台湾にはさまざまな民族★4が住んでいます。いちばん古くから台湾にいる民族は、今のフィリピンやインドネシア、そして遠くアフリカの近くにあるマダガスカル島に住む人々と祖先を同じくすると考えられています。一七世紀になると、大陸の福建省や広東省から多くの人々が移り住み、しだいにそれまで住んでいた人々を山間地域に追いやっていきます。

　そして、清が統治をするようになって一〇〇年ほどたつと、今度は日本の支配が始まりました。その後、さまざまな抵抗の末にようやく解放されたと思ったのもつかの間、大陸から国民党がやってきました。国民党のきびしい政治のなかでも台湾人は、民主主義の大切さを心に刻みこんでいきました。

　最近では、中国との行き来もかなりさかんになりました。上海などの大都市では、かつては台湾の資本でビルや会社がつくられましたが、中国の会社と台湾の会社が協力することも見られるようになりました。

　ところが、日本の中では台湾はとても見えにくい存在となっています。「そんな国、あるんですか」という声も聞きます。台湾に旅行で訪れたこと

★3　日本の植民地時代には「新高山」と呼ばれ、日本で一番高い山だった。

★4　この本では、民族を表すのに、「〇〇族」という言葉は使わずに、すべて「〇〇人」と表記している。それは、「〇〇族」というと、劣った人々という偏見をぬぐえないからである。

原住民博物館（台北市）

のある人でも、「国」と意識しないこともあります。それでも台湾には「日本大好き」と、親しみをこめて日本を見つめている人々がいます。

台湾の歴史には日本も登場します。とくに一九世紀末から台湾を植民地とした日本の姿を見のがすわけにはいきません。アジア太平洋戦争に敗北した後も、アメリカの後押しで国民党政権を支持し、植民地化などなかったかのようにふるまったのも日本でした。

この本では、台湾の人名や地名に原則として日本語読みのふりがなをふりました。台湾は、多民族社会であるため、人名や地名をどれか一つの言語で読むと、他の民族の言語を無視することになってしまうと考えたからです。たとえば「台北」は、国民党と一緒に中国大陸から来た人々の多くが話す北京語では「タイペイ」と発音されますが、その前から台湾に住んでいた人々が話す★5ホーロー語では「タイパッ」と発音され、客家の人々（→一四ページ）は「トイペッ」と言います。さらに先住民族の中には、日本語から借用して「タイホク」と言う人もいます。

この本を読んで、読者のみなさんが台湾の歴史や現実、そして将来のことに少しでも関心を持っていただけたら幸いです。

日本時代の温泉施設を残す北投温泉博物館（台北市）

★5　ホーロー（河洛）語は、台湾語、閩南語ともいう。ホーロー語にも台北方言、台南方言などがある。

これならわかる台湾の歴史Q&A〔第2版〕

【目次】

4 「械闘」と清の台湾統治

5 台湾民主国の独立宣言

6 日本の台湾支配の始まり

7 変わりゆく植民地台湾

道教の神々（台北市内の寺）

1 台湾に住む人々の生活と文化

台湾（中華民国）は、台湾島、澎湖諸島、そして中国に近い金門島、馬祖島などからなります。金門島は大陸から五キロメートルほどしか離れていません。これらの島々に、およそ二三〇〇万人の人々が暮らしています。孔子の廟★や寺も多く、民間信仰もさかんです。

★祖先の霊を祀るやしろ。

Q1 台湾にはどのような祝日がありますか。

A 台湾には八つの祝日があります。

新暦の一月一日は一九一二年の中華民国建国を記念する日、二月二八日の平和記念日は一九四七年の二・二八事件（→八四ページ）を忘れないとして決められ、一〇月一〇日の双十節は一九一一年の辛亥革命（→五四ページ）を記念する日です。これらはみな新暦ですが、台湾の休日は旧暦中心で、新暦に直すと毎年日が変わります。

台湾の祝日

1月1日	中華民国開国記念日
旧暦12月末日	除夕
2月28日	平和記念日
旧暦1月1日〜1月3日	春節（過年）
清明	清明節
旧暦5月5日	端午節
旧暦8月15日	中秋節
10月10日	双十節

★2011年から4月4日が「児童節（こどもの日）」として追加された。

春節★1には、人々は「春聯」という赤い紙に縁起のよい対句を書いて家の入口などに貼り、願いがかなうよう祈ります。一時は、中国での台湾訪問の規制緩和や消費者の所得水準向上などが相乗効果となって、中国から三万人以上が春節に台湾を訪れ、ホテルが足りなくなるほどでした。

新暦の四月四日あるいは五日にあたる清明★2には、祖先の墓に参り、草むしりをしたり、墓をそうじしたりします。中秋は、春節や端午節に並ぶ、大切な祝日の一つです。日ごろお世話になっている人たちへ月餅★3を贈り、夜は月見を楽しみます。満月の円形は家族団らんを表すとされ、家族で食事をしてすごします。

★1 旧正月のことで、台湾では「過年」と言う人が多い。

★2 沖縄でもシーミー（清明）といって墓参りなどをする。

★3 月に見立てた丸く平たい菓子。

Q2 台湾にはどのような人々が住んでいますか。

A

台湾は二三三〇万人ほどの人口ですが、大きく分けて四つのグループの人々が暮らしています。まず、人口の一三パーセントを占める外省人は、国共内戦（→八七ページ）で敗れた蔣介石が率いる国民党軍とともに、台湾に移住してきました。そして、それ以前から台湾に居住している本省人は、人口の八五パーセントを占めます。本省人は、さらに客家系★1（全体の一二パーセント）とホーロー系（同七三パーセント）に分かれます。この

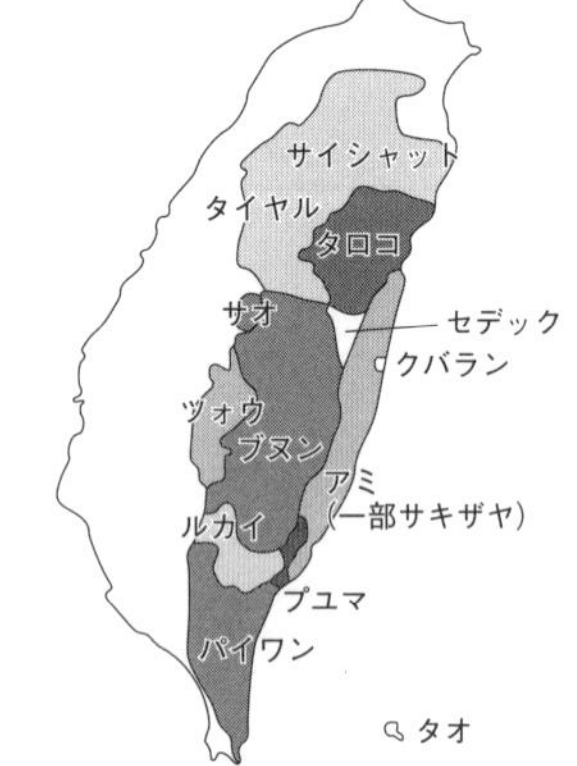

台湾の先住民族の分布

★1 古代中国の中原や中国東北部の王族の末裔と言われる。戦乱から逃れるため中原から南へと移動、定住を繰り返していった。移住先では先住民から見て「よそ者」であるため、「客家」と呼ばれた。広東省・福建省・江西省・湖南省・四川省などの山間地に住み、在外華僑・華人としてマレーシア、シンガポール、タイなどの東南アジア諸国に暮らす者も多く、華人の三分の一は客家といわれる。太平天国の指導者である洪秀全や、中国国民党の孫文、中国共産党の鄧小平やシンガポールの元首相リー・クァンユー、台湾総統となった李登輝も客家出身である。

三つのグループは漢民族です。

その他に、先住民[★2]が人口の二パーセントほどを占めています。先住民の中でも、政府から先住民と認められている民族と、まだ認められていない民族がいます。主に山間部に住んでいますが、都市にも住んでいます。先住民は言語や文化などによって、いくつものグループに分かれます。

さらに、最近では台湾人と結婚して台湾に暮らす東南アジア系の人々が急速に増えています。

★2 台湾では「原住民」あるいは「原住民族」という。「先住民」と表記すると、「すでに滅んでしまった民族」という意味になるからである。日本語では「原住民」が差別的な意味合いで使われてきたことから、この本では、「先住民」と表記する。

Q3 先住民はどのような生活をしているのですか。

A

先住民は民族ごとに言葉がちがいます。また、中央山脈に住むブヌン人やツォウ人の社会は父系を中心とし、他方アミ人は母系を中心とする社会をつくっています。南部のパイワン人の社会には緩やかですが身分制度があり、近年はゆらいでいるとはいえ、結婚するときには身分をめぐっていさかいも起こります。

人口が二〇万人を超え、先住民のなかでもっとも多いアミ人の生活に注目してみましょう。

アミ人は台湾の東部一帯に広く居住し、大都会で働く人も多いのですが、

台湾の先住民

•政府に認定された少数民族

アミ(阿美)人、パイワン(排湾)人、タイヤル(泰雅)人、タロコ(太魯閣)人、ブヌン(布農)人、プユマ(卑南)人、ルカイ(魯凱)人、ツォウ(鄒)人、サイシャット(賽夏)人、タオ(達悟)人、クバラン(噶瑪蘭)人、サオ(邵)人、サキザヤ(撒奇莱雅)人、セデック(賽徳克)人、カナカナブ(卡那卡那富)人、サアロア(沙阿魯阿)人

•まだ認定されていない少数民族

ケタガラン(凱達格蘭)人、クーロン(亀崙)人、バサイ(馬賽)人、トルビアワン(哆囉美遠)人、タオカス(道卡斯)人、パゼッヘ(拍宰海)人、パポラ(拍暴拉)人、バブザ(巴布薩)人、ホアンヤ(和安雅)人、アリクン(阿立昆)人、ロア(羅亜)人、シラヤ(西拉雅)人、マカタオ(馬卡道)人

＊台湾では通常漢字で表記される。

農業や畜産を主に営み、海岸では漁業を営んでいます。自分たちを「パンツァハ（人間、なかまという意味）」と呼びます。「アミ」は北を意味するアミ語です。花蓮県には石器時代の二本の石柱があり、そこが発祥の地と言われています。

母系中心の社会なので、財産などは長女が継ぎ、姓も母方のものが受けつがれます。家長は女性ですが、村長は男性で、男性で構成される長老会議によって村が運営されます。男性は一人前と認められると青年団に加入し、青年団のなかでは年長者の命令は絶対です。

毎年七月から八月にかけて行われる収穫祭は、もっとも重要な儀式です。伝統の衣装を身につけて輪になり、音頭とりと踊り手が声をかけあいながら踊りに熱中します。アミ人であるディファンと妻のイガイが歌った歌は、一九七六年のモントリオール・オリンピックのテーマソングにも採用されました。

先住民にとっては、Ｑ１の祝日も漢民族中心に決められたものといえます。

Q4

台湾にも日本と同じような屋台があるのですか。

アミ人の伝統的な輪踊り・マリクダ
〈CC by takunawan〉

A 日本の祭りと同じような屋台もありますが、営業時間が短いのが特徴です。大まかに朝、昼、夕方、夜の屋台に分けることができます。

朝の屋台では、油条という揚げパンをくだいて、温かい豆乳に入れて食べたりします。ところが午前一〇時をすぎるころには、この屋台は影も形もありません。昼の屋台は予備校が林立する地域に出現します。台湾の受験戦争は日本以上にきびしいので、若者たち相手に屋台が立つのです。献立は肉糸麺などの麺類です。夕方になると、通りには数百軒もの屋台が立ちならびます。ステーキなどを売る店の前に海鮮料理の屋台があり、それぞれが懸命に客を引きいれます。夜は夜で別の屋台が路地に立ちます。

かつて台北市には、「建成円環」という夜市がありましたが、二〇〇六年に閉鎖され、一〇〇年の歴史を閉じました。夜市は、夕方から真夜中に営業する屋台、露店、雑貨屋、売店など、日用品や飲食のサービスを提供するためにつくられたエリアをいいます。円環はロータリーのことで、丸いビルが建っていました。現在はショッピングモールとして再開発されています。

屋台に関連して、台湾の「国語」（中国語）と中国の北京語のちがいを見てみましょう。「おなかがすいていますか」を台湾では「你會不會餓？」と言いますが、北京語では「你餓不餓？」★と言います。

士林夜市に並ぶ屋台（台北市内）

★ ホーロー語では、「你食飽未？」と言う。

さらに読んでみよう

赤松美和子・若松大祐『台湾を知るための72章』（明石書店、二〇二二）

月形石柱（卑南文化公園）。上部の穴は運搬のために紐を通したと考えられている

2 太平洋のかけはし・台湾島

二〇〇一年一一月一五日付『人民日報』は、台湾海峡で今から四万年前に人類が生活していたと報道しました。その海底から掘りだされた鹿角には、石器を使って穴をあけたり、彫りこみを入れた跡が発見されたというのです。

また、オーストラリアの人類学者ピーター・ベルウッドは、台湾、東南アジアや太平洋の島々の言語には共通点が多いと主張しています。言語だけが移動するとは考えにくいので、それらの言語を話す人間も移動したと考えられます。

Q1 台湾には岩宿遺跡や三内丸山遺跡のような古い遺跡がありますか。

A 一九七一年冬、台湾の古生物化石収集家である郭徳鈴が台南県左鎮郷菜寮渓★1の谷からヒトの骨格化石を発見しました。およそ二万年から三万年前のものです。

ここから山を越えた反対側の台東県長浜郷からは大量の打製石器や骨角器

★1 郷は、台湾の地方行政制度で、県の下に置かれる。

が発掘されています。五〇〇〇～一万年前の遺跡と考えられています。農業は行われず、土器もつくられませんでした。この遺跡は、今までに台湾で発見されている唯一の旧石器時代の遺跡です。

長浜遺跡は一九六八年に発見されました。それまで考古学者たちは、台湾には旧石器時代の遺跡はなく、新石器時代から台湾の歴史が始まると考えていました。ところが、台湾大学が長浜郷の八仙洞という、海にけずられた洞窟の調査を行ったとき、いくつかの洞窟の堆積層の中から、より年代の古い赤色層を発見し、分析したところ、さらに古い文化があることがわかったのです。

一九八八年には、長浜郷の南の成功鎮★2にある洞窟の地表下約五〇センチメートルの所から、石器と墓が一基発見されました。埋葬された人物は、しゃがんだ姿勢で埋葬されていました。

台北県八里郷では磨製石器とともに土器が出土しました。新石器時代の始まりを示すものです。大坌坑という地名から「大坌坑文化」と名づけられています。台北市円山地区や芝山岩地区にも同じような遺跡があります。遠く大陸に目を向けると、対岸の浙江省にある河母渡遺跡★3とも共通点があると言われます。

さらに、台東市南王村には卑南遺跡という、今から二〇〇〇～三〇〇〇年前の遺跡があります。ここは、ほぼ完璧な形で発掘されました。板状の岩を組み合わせた石板棺があり、棺の内部からは大量の副葬品である玉飾りが発

台湾の主な遺跡（本文に出てくるもの）

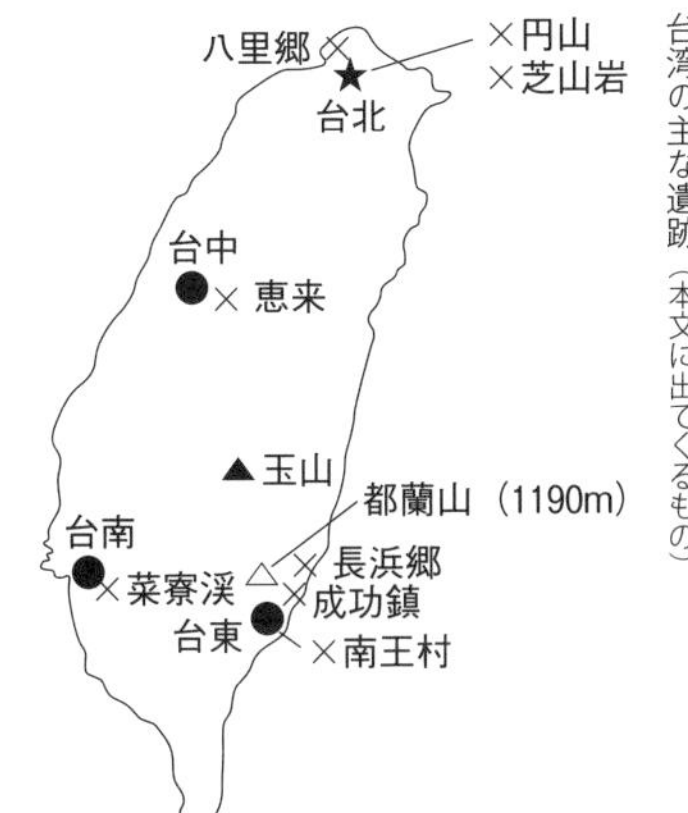

★2　鎮は、台湾の地方行政制度で、県の下に置かれる。郷と鎮の区分ははっきりしていない。

★3　長江中流域の河母渡遺跡では、最下層から多数の籾や根、炭化米が発見された。ここが稲の発祥地であると考えられている。

見されました。この石棺は肩の部分が広く、足の部分がせまくなっています。埋葬者の足は都蘭山（とらんざん）に向け、浅く埋められました。なぜかはわかっていません。

また、新石器時代前期には紋様のない「素面土器」が出土し、後期になると縄を土器のまわりにめぐらせてから焼いた「縄文土器」が出土します。ただし、日本の縄文土器とは関係がありません。

Q2 台湾で米づくりが始まったのはいつごろですか。

A 紀元前二八〇〇年ごろと言われています。台北市中山区（ちゅうざん）にある円山遺跡からは、米づくりが始まっていたと見られるさまざまな遺物が発掘されています。米のつくり方は日本とはちがっていました。

東南アジアの島々を中心として、西はスリランカ・マダガスカル、東は小スンダ列島、東北はフィリピン・台湾にかけての地域では、「踏耕（とうこう）」★と呼ばれるやり方で米づくりをしています。これは、大型家畜（水牛・牛または馬）数頭から十数頭ほどを、苗代（なわしろ）あるいは本田に追いこんで、水を張った田面を踏みつけさせ、水田の耕耘（こううん）、除草、床締め（漏水（ろうすい）を防ぐ）などを行う作業のことを言います。

★ 日本の南西諸島でも一部行われている。

日本とはちがって、秋・冬に種をまき、春・夏に刈りいれます。冬でも一定以上の気温と降水量が見こまれる地域では、こういうやり方が適しているのです。夏場の栽培を避けるのは、台風などの危険性を考えてのことです。

台北県大坌坑の近く、十三行(じゅうさんこう)には、今から五〇〇〜一八〇〇年前の遺跡があります。硬く赤褐色の、独特な彩文土器を製作するなど、円山地域よりも高度な文化だったと考えられています。そして、道具も石器から鉄器に移っていきました。一九九一年七月に製鉄房が発掘され、鉄器を使用していたことが確認されました。

十三行の人たちは、農業を主としながらも、漁労にも従事していました。埋葬された遺骨も発掘されていますが、横向きに折れ曲がったように葬られています。傷を負って死んだ形跡や、頭のない遺骨が出土するなど、戦争あるいは首狩りが行われていたことが類推されます。

Q3

遺跡が多い台湾では その保存をどうしているのですか。

A 一八八七年に発見された円山遺跡は、その上に禅寺がつくられ、拡張工事も続きました。保存の動きもありましたが、その後動物園などが建設され、現在では台北市児童育楽センターの片隅に押しこまれています。

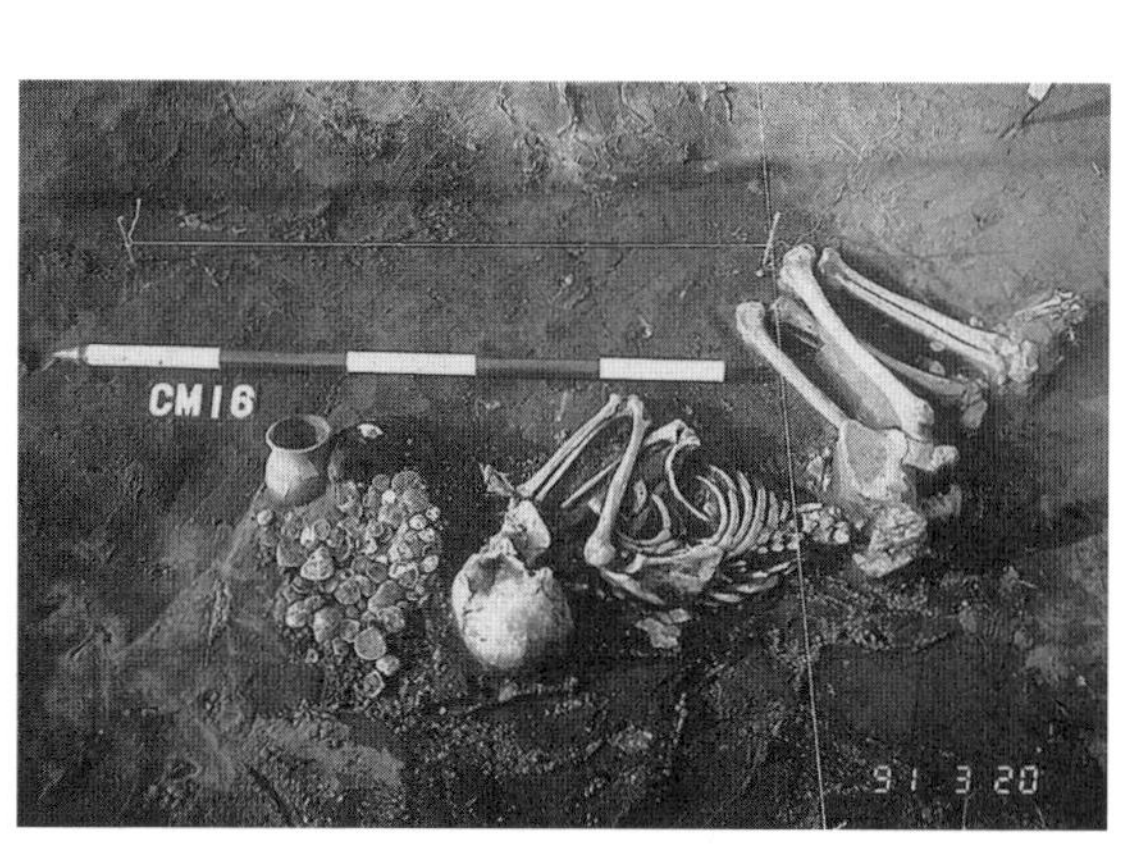

十三行遺跡から出土した遺骨〈劉益昌提供、『図説台湾の歴史』平凡社より〉

鋳造場が発見され、集落の中で錬鉄が行われていたと類推される十三行遺跡も、一九八九年の汚水処理場建設工事のためにほとんど破壊されてしまいました。現存する十三行遺跡は、元の遺跡の五パーセントほどしか残っていないと言われています。それでも、遺跡の保存をめぐって論争が行われ、九年後に十三行博物館が建設されて当時の発掘現場が再現されました。

二〇〇二年に、一人の大学生がデパートの建設現場で陶器の破片を見つけました。これをきっかけに台中市の恵来遺跡が発見されたのです。ところがここが台中市の再開発地域の一等地であったため、開発か保存かで社会の関心を呼びました。歴史研究団体などの訴えもあり、台中市は遺跡の一部を市指定地域として保存することにしました。

Q4 台湾の先住民にはどういう神話・伝承がありますか。

A 台湾の先住民はオーストロネシア語系統[★]の人々だといわれます。しかし、それぞれが別個の民族集団で、あまり交流はありませんでした。それでも、それぞれに伝わる神話や伝承にはある程度共通点が見られます。

台湾で二番目に多い民族集団であるタイヤル人の伝承に、「巨人ハルス」の話があります。

★ 台湾から東南アジアの島々、太平洋の島々、マダガスカルに広がる。

「巨人ハルスの口は偉大な口だった。山の麓で大口を開いていると、鹿はよい洞穴だと思って飛びこむので、ばりばりとかみ砕いてしまう。こうして山の動物がほとんど食べられてしまうと、人々はほとほと困りはて、一計を案じた。山頂から『鹿だ』と叫んで、焼いた大石を転がすと、ハルスは喜んでひとのみにしたので、さすがの巨人ハルスも焼け死んでしまった」

地域によっては、ハルスをタイヤルの祖先とする話や、ハルスが死ぬとき「地震や悪疫が起こる」と言ったので、死体をきざんで捨てると、そのときからマラリアが流行るようになったとする話も伝わっています。

また、台湾東部に暮らすアミ人の創世神話には、粟の起源についての話があります。アミ人は台湾の先住民族の中で一番人口が多い民族です。

「天地がまだ混沌としていたとき、カクモダンサパトロク、ブダイハブという二人の神がいた。スラ（男神）とナカヲ（女神）を産んだが、大津波で離ればなれになった。スラとナカヲは臼に乗って流され、ラガサンという山に住み、夫婦となった。あるときナカヲは耳の中がとてつもなくかゆくなり、爪でかくと、中から丸い小粒のものが出てきた。それを地上に投げすてると、たちまち芽が出てまもなく実を結んだ。これが人間の食物、粟だった」

身体の一部から穀物の種が生まれたという話が、いくつもの台湾先住民の間で伝えられています。

先住民の言語（文字がない言語なのでカタカナで表す）

例えば「東」を表す言葉は、パガヤグ・ワギ（タイヤル語、日の出る方の意）、ムスィウマ・ワレ（ブヌン語、日の出る方の意）、エジョスモモハ・ヒフェ（ツォウ語、日の出る所の意）である。「西」は、順にカガロプ・ワギ（日の没する方）、オカイマン＝オ＝ワレ（日の没する方）、ムフォブザ・ヒフェ（日の没する所）となる。

しかし、共通点もある。例えば語順は「動詞＋主語＋目的語」である。これはフィリピンのピリピノ語にも似ている。

〈パイワン語の例〉

クマルプ	ア	ツァウツァウ	チュア	バブイ	イチュア	ガデュ	チュア	ブルク
狩する	が	人	を	猪	で	山	で	槍

［人が山で猪を槍で狩している］

さらに読んでみよう

陳千武『ビンロウ大王物語』（かど創房、一九九八）

赤崁楼（19世紀半ばにプロビンシア城の上に建てられた）

3 朱印船と鄭成功の登場

台湾が文字による記録に登場するのは、七世紀に中国で書かれた『隋書』が最初です。「流求国は海島の中にある。建安郡の東に当り、船で五日かかる」という文章がそれですが、この「流求国」は台湾だと考えられています。

また、一六世紀になると、ポルトガル人がアジアにまで進出してきました。そのとき、高い山々と草木の生い茂った台湾の島を見て、「イラ（島）・フォルモーサ（美しい）」と叫んだといいます。

Q1 台湾にはオランダ人がつくった城があるそうですが、ほんとうですか。

A 台南市安平にゼーランディア城があります。

オランダは一六〇二年に東インド会社を設立します。この会社は、アフリカ南端の喜望峰からマゼラン海峡にいたる広大な地域の貿易独占権をもち、条約を結んだり、武装して戦争をすることもできる特別な権限をあたえられていました。インドネシア産の香料をヨーロッパに持ち帰ってばく大な利益を上げ、さらに中国の絹、陶磁器、漆器など、当時のヨーロッパでは手に入らない貴重な品々を西洋にもたらしました。

さらに、東インド会社は中国沿岸に貿易の拠点をつくろうとしましたが、うまくいかず、しかたなく沿岸に近い澎湖諸島を占領して城を築きました。ところが明軍の強い抵抗にあって、二年後に講和を結びます。明は、澎湖諸島から台湾島にオランダの軍を引きあげることを講和の条件としました。

こうして、オランダ人は「タイオワン」と呼んでいた場所に城を築いて、そこを拠点としました。この「タイオワン」は漢字で「大員」と書きます。本来は台南市の沖合にある、全長一三・九キロメートル、幅一・四キロメートルの砂州のことをさしていました。ここに一六二四年、ゼーランディア城が築かれ、このあたりの水路を確保しました。

後にこの「大員」が「台員」や「台湾」と書かれるようになり、島全体の呼称に変わっていきました。オランダは、大員一帯からしだいに支配地域を広げましたが、台湾全土がその支配下に置かれたわけではありません。

オランダ人がつくった「番社戸籍表」によると、一六四七年にオランダの支配下にあった先住民の村は二四六社★、人口は六万二八四九人だったとされています。これは、当時の先住民の四〇〜五〇パーセントにあたりました。

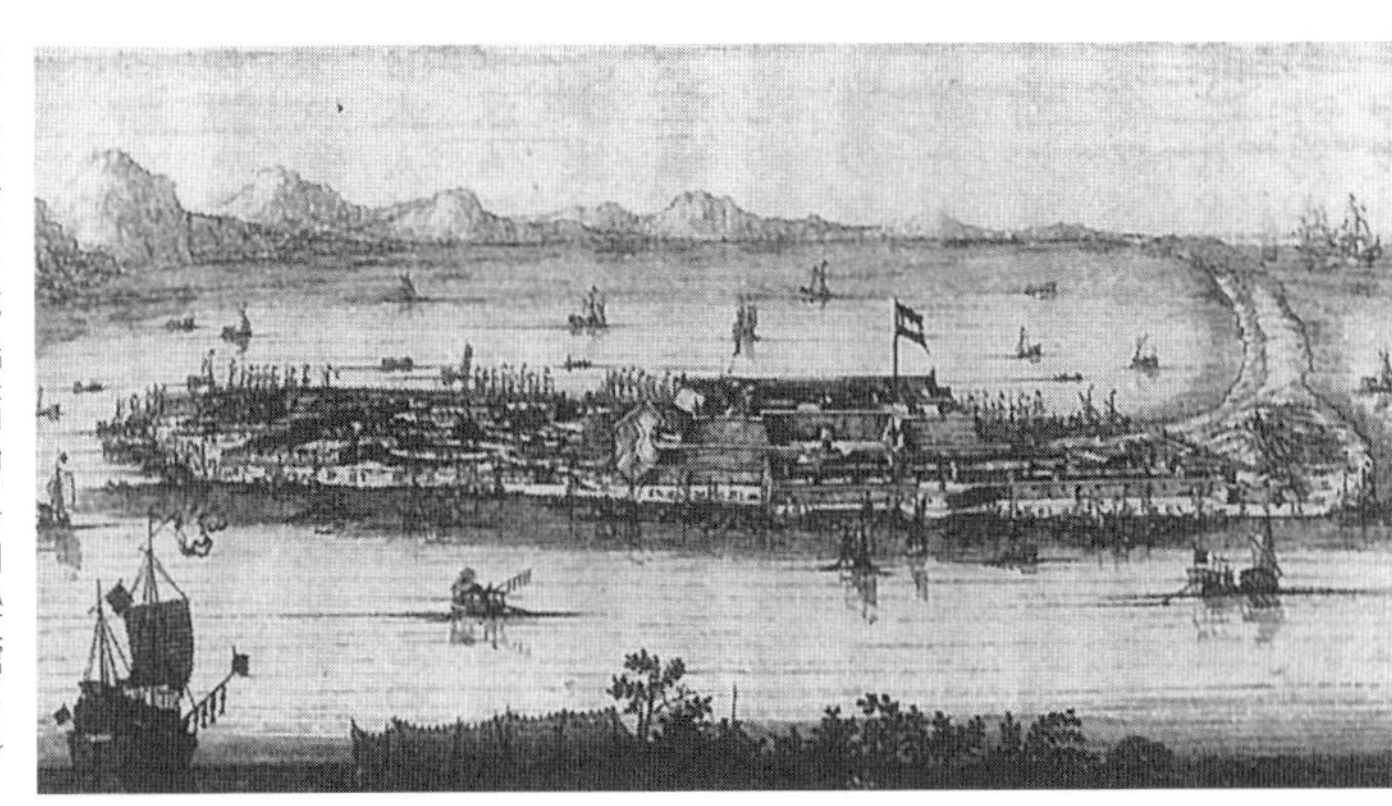
ゼーランディア城〈『朱印船』吉川弘文館より〉

★社は、村の単位。

Q2 浜田弥兵衛（やひょうえ）事件とはどういう事件ですか。

A 一六〇四～一六三五年に日本から呂宋（るそん）（フィリピン）、安南（あんなん）（ベトナム）など一九カ所に渡航する船に、三五六通の朱印状★が発給され、そのうち台湾行きの船には三六通出されています。朱印船は五〇〇～七五〇トン級の船で、乗組員は二〇〇人程度でした。航海士には海外航路に詳しい中国人、ポルトガル人、スペイン人、オランダ人などが任命されました。船主の大名や商人の目的は、中国産の生糸や絹を手に入れることでした。

この朱印船をめぐって一六二六年に、ある事件が起きました。

台湾に向かった朱印船の船長の浜田弥平衛（やひょうえ）は、台湾のオランダ人総督に中国と往来する船を貸してくれるようたのみましたが、断られたばかりか、すべての品物に一〇パーセントの関税までかけられました。弥平衛は不満をもち、数人の先住民を日本に連れていき、「オランダ人が弾圧を加えているので助けてほしい」と幕府に訴えさせました。

新たに台湾総督に赴任したノイツは、台湾に戻った弥平衛に対して船や武器まで取りあげました。すると弥平衛は怒って、逆にノイツを人質にするありさまでした。総督を人質にとられているので東インド会社も手が出せず、息子ら六人の人質と交換する形で、ノイツは長崎で解放されることになりま

★ 徳川家康が海外貿易を許可したことを証明する朱印を押した文書。

朱印船〈『朱印船』吉川弘文館より〉

した。ところが長崎に着くと、ノイツ以下オランダ人の人質は牢に入れられ、平戸のオランダ商館も閉鎖されてしまいました。その後、後任の総督が日本に来て交渉した結果、ノイツたちはようやく解放されました。

　こう見ると、日本の一商人とオランダ総督の対立のようですが、じつは長崎代官で朱印船貿易家の一人でもある末次平蔵（すえつぐへいぞう）がこの事件にからんでいました。平戸のオランダ商館を閉鎖したのも平蔵でした。後任の総督の使者が来たときは、将軍徳川家光の偽（にせ）の手紙まで作成したほどでした。その手紙には、「ゼーランディア城を明け渡すなら、オランダが貿易を独占できるようになるだろう」と書かれていました。しかし、彼は一六三〇年に獄中で謎の死をとげています。オランダ側の記録では、幕府は重臣に貿易に関わることを禁じていたのに、それに反して不当に利益を得ていたため、とされています。

　平蔵の死はオランダ側には有利に働きました。なんといっても一六三五年に幕府が日本人の海外渡航を全面的に禁止したため、台湾と平戸を結ぶ最大の競争相手がいなくなり、オランダ東インド会社が大きな利益をあげることになったからです。

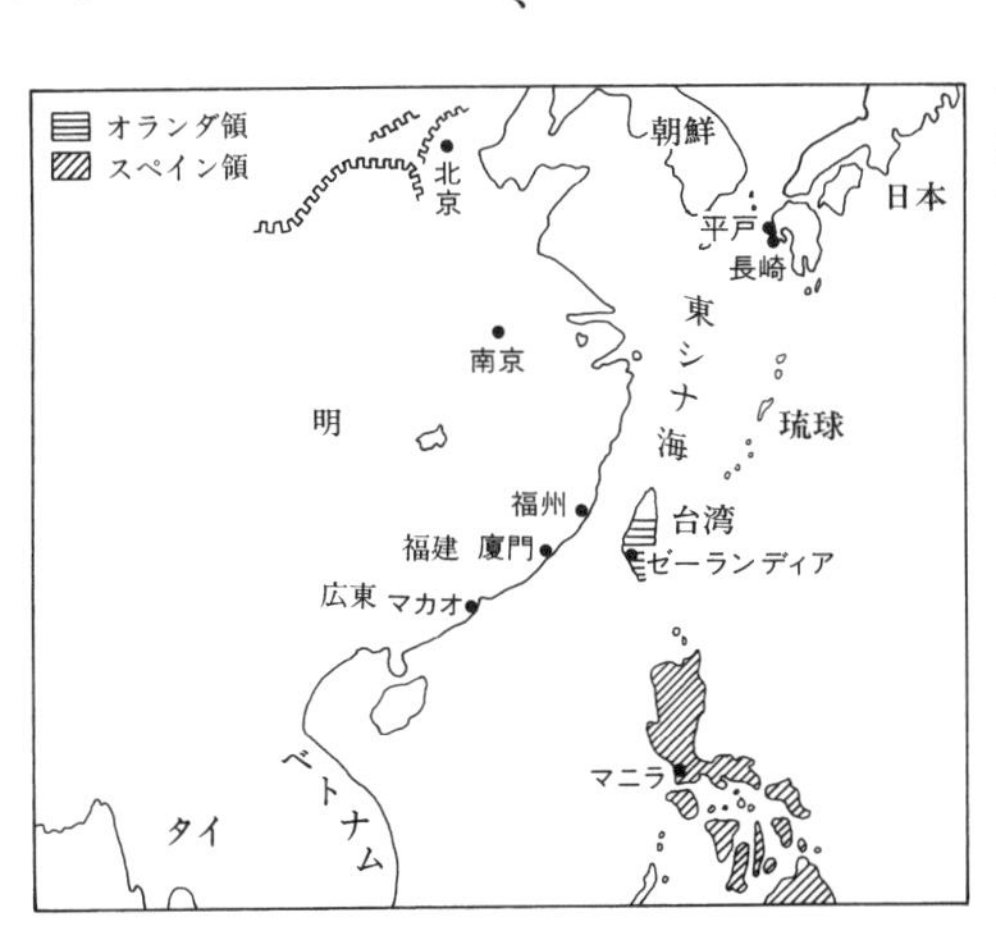

一七世紀の台湾と周辺の勢力

Q3 鄭成功とはどんな人ですか。

A 福建省生まれの父鄭芝竜と日本人の母田川マツの間に生まれた鄭成功は、幼いころは九州の平戸ですごしました。七歳のときに父の故郷福建に連れてこられました。当時、鄭一族は廈門などの島を根拠に密貿易を行い、千隻もの船団を保有し、武装もしていました。芝竜は福建総督に任命されましたが、福建省を干ばつが襲うと、移民を引きつれて台湾へと向かい、豊富な資金を活用して開拓を進めました。そして、オランダとの貿易で巨万の富を築きました。

一六四四年、李自成が北京を陥落させ、皇帝が自殺して明が滅亡しました。そのため明の皇族たちは各地で亡命政権をつくりました。鄭芝竜らは明を助け、新皇帝に隆武帝を擁立しました。李自成を滅ぼして中国支配を行おうとしていた清に対して、抵抗運動を始めたのです。しかし、隆武帝の抵抗が失敗に終わると、芝竜はこの軍に将来はないと感じて、清に降伏しました。

一方、息子の鄭成功らは清への抵抗を続けるために台湾へ向かい、台湾を占拠していたオランダ人を追放し、本拠地としました。★

このときのようすを、たまたま台湾を訪れていた総督の臨時軍事顧問ホルペルはこう書いています。

★ 鄭成功は清との戦いに際し、たびたび江戸幕府へ軍事的な援助を申し入れていたが、幕府は援助しなかった。この戦いは、後に近松門左衛門によって「国性爺合戦」という戯曲となった。

「一六六一年四月三〇日。午前中霧が濃く遠くが見えない。霧が晴れると、隻数不明の中国の木造船が港に並んでいるのが目に入った。おびただしい帆柱がまるで枝葉のない樹林のようだった。一同ひどい驚きだった。台湾長官自身でさえ予測もしていなかったことで、敵か味方かさえわからない」

清は中国沿岸を封鎖し、人々を内陸へ移動させました。台湾の鄭氏一族との交通や貿易を絶つためでした。

成功は、この経済封鎖のさなかに、父芝竜が北京で斬首されたという知らせを聞いたといいます。そして、明の最後の皇帝である永暦帝が雲南で処刑されたことが伝わると、台湾が孤立していることをひしひしと感じました。

成功は翌年の一六六二年に世を去りました。このとき彼は三九歳で、台湾にいたのはわずか一三カ月でした。

Q4 台湾に漢人が暮らすようになったのはいつごろからですか。

A 中国の歴史書『三国志』に出てくる「夷州」が台湾とすれば、三世紀に中国にも台湾が知られていたことになりますが、はっきりしません。

澎湖諸島については、元の時代に巡検司という役所が置かれ、福建省泉州府に属していたことはたしかです。一方、台湾島は近くを航行する船の一時

オランダ軍使節と鄭成功との和平交渉〈『台湾』中公新書より〉

的な寄港地のような役割をはたしていたのではないかと考えられます。また、倭寇(わこう)の根拠地の一つにもなっていました。

そして、本格的に移住者が増えたのは、オランダが支配していた時代でした。稲作や蔗糖(しょとう)★1の生産のためにオランダが移住を奨励したからでした。このため当時台湾に住んだ漢人はおよそ四、五万人にのぼると見られます。

そこに、鄭成功が多くの軍隊を引き連れて、台湾に入ってきました。彼は開墾も進めましたから、移住者もかなり増えました。推計によると、漢人が一二万人、先住民族が一二万人ほどだったとされます。二〇年あまりで漢人の人口が倍以上になったといえます。鄭政権が倒れると、政権の関係者は中国に帰されますが、その後も漢人の移住は続きました。

少し後になりますが、清の時代に地方の状況を記した『諸羅県志(しょらけんし)』という書物を読むと、次のように描かれており、台湾の生活が豊かであったことがわかります。

「役人・民衆を問わず着るものには念を入れ、非常にあざやかな色合いを好んだ。靴下も錦(にしき)織り★2でなければならず、それも少々はいただけで捨てられた。かごをかつぐ者や役所の用務員にしても、みな高級な薄綿のズボンをはいていた」(現代語訳)

★1 砂糖の原料となるサトウキビやサトウダイコンから抽出する糖。

★2 さまざまな色糸を用いて織り出された織物。高級品であることを示す。

さらに読んでみよう

陳舜臣『鄭成功――旋風に告げよ』(上・下)(中公文庫、一九九九)

客家花布（客家族が昔から使っている布）

4 「械闘（かいとう）」と清（しん）の台湾統治

鄭氏政権の滅亡後、清の内部では台湾を放棄する案が出されたこともありましたが、鄭氏を滅ぼした役人施琅（しろう）の意見が取りいれられ、一六八四年、清による台湾統治が始まりました。

その後およそ二〇〇年間、福建（フーチェン）省や広東（コワントン）省から多くの人々が移り住み、移民社会がしだいにできあがっていきました。

Q1 どういう人々が台湾に移り住んだのですか。

A 台湾の対岸には福建省や広東省があります。およそ一五〇キロメートルの距離ですから、船さえ整えればたやすく移動できます。

一七世紀半ばの鄭氏時代に、台湾の先住民はおよそ一二万人、漢人もまた同じ程度だったと推定されています。その二〇〇年後の一九世紀には、先住民は一七万人、漢人は二九〇万人となりました。先住民も増えてはいますが、移住してきた漢人の多さがきわだっています。

清は鄭氏政権滅亡後、いったんは移住民を本土に強制的に送還する方針をとりましたが、妻子がいたり、台湾で生業のある者は送還しませんでした。福建省では、その後も飢饉や天災が相次いだこともあって、大量の移民が台湾に渡りました。移民の多くが男性だったため、先住民の女性との結婚が増えました。

一八世紀の終わりごろには、台湾の漢人の七割は泉州や漳州（ともに福建省）の出身者であり、広東省出身者は三割ほどだという記録があります。この広東出身者というのは、客家（↓一四ページ）と呼ばれる人々です。

これらの人々は生活様式がちがうので、一緒には住みませんでした。

泉州人は商業をする風潮が強く、貿易に従事したり、漁労・養殖・製塩を生業としていたため、台湾に移っても沿岸を選んで住みました。漳州人は農業が経済の基礎となっていたため、内陸の平原を居住地に選びました。一方、客家は山地の農業に長けていたため、台湾に来ても丘陵地などに住みついたのです。

Q2 移民どうしで争うことはなかったのですか。

漢人の移住・開墾拡大図〈『図説台湾の歴史』65頁の地図をもとに作図〉

ありました。出身の異なる者どうしの武力衝突を「械闘」といいます。

A

最初の大きな「械闘」は一七二一年に起きました。福建省出身の朱一貴と広東省出身の客家杜君英は協力して、清から派遣された役人が課した重税に反対して抵抗運動を起こしました。

しかし、清の軍隊が台湾に上陸すると、抵抗運動に加わっていた客家の一部が反旗を翻し、朱一貴軍を攻撃したため、抵抗運動は一カ月で鎮圧されました。この後、福建・広東の出身者の対立が深まりました。

福建人と広東人の「械闘」は一九世紀初めには治まりましたが、今度は漳州人と泉州人の対立が深まりました。ささいなことからなぐりあいが起き、二十数日間に一九二の村々が襲われる「械闘」に発展してしまいました。

漢人たちにはいずれも台湾人という意識はまったくなく、開拓した土地でも不都合が生じるとさっさと他の所に移っていきました。土地への愛着はなく、いつでも大陸の祖先伝来の地へもどる気持ちが強かったため、ちょっとしたいざこざが大きな対立を生んでいきました。

一方、民衆の抵抗運動もさかんに起きました。林爽文らは一七八六年に軍勢を率いて立ち上がりました。天地会という互助組織をつくった理由で、役人に財産まで没収されたからです。そもそも異民族の王朝である清は、漢人の役人を信用せず、妻子の同行は許しませんでした。清の台湾進駐軍は、台湾の漢人を押さえることばかりだったので、民衆は自力で治安を守らなければなりませんでした。一度反乱が起きると、あっというまに台湾全土を押さ

出身地による言葉のちがい

①北京語②広東語③客家語

ありがとう
①シエシエ（謝謝）
②ウムコイ（唔該）
③シャシャ（謝謝）

一、二、三（数字）
①イー、アル、サン
②ヤット、イー、サム
③イッ、ニー、サーム

えるありさまでした。清はそのたびに、わざわざ本土から大量の兵を送りこんで、ようやく鎮圧しました。

こうして、当時の台湾では「小さな反乱は三年に一度、大きな反乱は五年に一度起きる」と言われました。この時代の台湾を、歴史学者の呉密察（ごみっさつ）は「儒教の束縛が少なく、社会は比較的自由だった」と分析しています。

しかし、移住者たちが「未開の広野」と考えた土地も、先住民にとってはかけがえのない土地でした。清政府は人頭税などの税を先住民にも課したため、税を納めるために漢人に土地を売る場合も多く、しだいに漢人の所有地に変わっていきました。

Q3 アヘン戦争★1は台湾には関係なかったのですか。

A 大いにありました。イギリスの軍艦が一八四〇年に台南沖合に、翌年には基隆（きーるん）★2にも現れ、清との間で戦闘が行われました。アメリカのペリー艦隊も一八五四年に基隆港に停泊し、近くの炭鉱を調査しています。

第二次アヘン戦争★3中に結ばれた天津条約によって、台南と淡水（たんすい）の二港が開港されました。欧米人が家族とともに開港場に住み、教会、学校、病院が建てられました。後に高雄（たかお）★4や基隆も開港となり、各港に税関が設けられました。

番社采風図・捕鹿〈『図説台湾の歴史』平凡社〉

★1　イギリス商人が清に密輸出していたアヘンを役人が取りしまると、それに対抗してイギリスが軍艦を派遣したことから一八四〇年に起きたイギリスと清の戦争。清の敗北に終わり、南京条約が結ばれた。

★2　先住民の民族名ケタガランがなまってケランとなり、一八七五年に清がそれに近い音で「基地昇隆」の意味を込めて基隆に改変した。

★3　一八五七年から一八六〇年にかけて清とイギリス・フランス連合軍との間で起こった戦争。アロー戦争ともいう。一八四〇年の南京条約では上海などを開港させ、アヘンの輸出も認めさせた。しかし、反英運動の高まりとともに、利益が期待したほどではなかったため、イギリスはこの戦争を引き起こして条約の内容を自国にさらに有利にしようとした。

★4　ターカウ（打狗）という小さな村から発展した。先住民マカタウ語の「竹林」に由来する。

当時すでに台湾では茶の栽培がさかんでしたが、それに目をつけたイギリス人が茶を栽培させ、「台湾茶」というラベルを貼って、主にイギリスやアメリカに輸出しました。一八七八年の淡水税関の貿易報告書に「一五年ほど前には、いくら目を凝らしても山には一株の茶の木さえなかったのに、今では全山が茶の木に覆われている」と書かれているほどで、台湾北部地域の輸出の九〇パーセントを茶が占めていました。

また、クスノキが原生していた台湾で、イギリスの商社が樟脳★5を買い占めて多額の利益を上げました。清政府が規制しようとすると、イギリスは軍艦を派遣して、開港場以外の地から樟脳を運びだすことを認めさせました。

さらにアヘンもさかんに輸入され、台湾でも吸引者が多かったといいます。イギリス領事館は本国に、「台湾のアヘン消費量は平均すれば大陸を上回る。主たる吸引者は下層労働者である」と報告しています。

Q4 宮古島の漂流民が殺された事件の原因はなんですか。

A 一八七一年一一月、台湾南部の海岸に宮古島★1の島民六九人が漂着しました。那覇に年貢を納めた帰りに、台風に遭遇したためでした。上陸時に三人が溺死し、山中をさまよった生存者のうち五四名が台湾の先住民に

台北のアヘン工場〈『知っておきたい中国Ⅲ』青木書店より〉

★5　クスノキの葉や枝を蒸留してつくる。血行促進作用や鎮痛作用、消炎作用などがあるため主に外用医薬品の成分として使用されている。また衣服の防虫剤、防腐剤としても使用されている。

★1　宮古島の言葉で「人の住む所」という意味の「ミヤコ」に漢字をあてたもの。当時は琉球王国に属していた。

よって殺されました。かろうじて一二人が漢人の有力者に助けられて、福州を経て翌年の六月に那覇に帰ることができました。それまでの清と琉球との間の送還方法にのっとったものでした。

江戸時代を通じて薩摩藩のきびしい支配下にあった琉球（いまの沖縄）は、清にも朝貢していましたが、一方で一八五四年にアメリカ、オランダ、フランスと条約を結ぶなど、独自の外交を展開していました。日本が琉球王国を廃止して琉球藩を設置したのは、生き残った宮古島の島民が那覇にもどってから四カ月後のことです。

日本政府はこの問題をきっかけに、琉球を日本の領土とし、同時に日清修好条規を改正しようと、外務大臣副島種臣が一八七三年に北京に赴き、台湾の先住民は「清にとって化外の民（支配していない民）」とする発言を引きだしました。台湾への出兵は、日本政府内でも意見が割れましたが、失業していた四〇万人にものぼる士族の不満を背景に、陸軍中将西郷従道の「出兵すべし」とする主張が政府を動かしました。

一八七四年五月初旬から八月までに、日本軍は先住民の土地を次々に占領します。和平交渉も並行して行われましたが、なかなか結論が出ませんでした。日本軍は五〇〇人以上の病死者[★2]を出し、清国内も雲南省から甘粛省にかけてイスラム教徒が大規模な反乱を起こしたため、兵力をさけず、イギリス公使の仲介で、今回の日本の出兵は遭難民の保護のためだったとしました。宮古島の事件から三年後のことでした。

宮古島漂流民の墓〈『知っておきたい中国Ⅲ』青木書店より〉

★2　このとき派兵された兵士は約三六〇〇人。日本軍は先住民とも激しい戦闘を繰り広げた。

このとき清は、遭難民に対する一〇万両(テール)[★3]の見舞金を支払いましたが、日本政府は、この中から当時たまたま漂流していて台湾先住民に略奪をされた小田(おだ)県（現岡山県小田郡）の住民に見舞金を支給し、琉球には蒸気船を与えようとしました。しかし、事件発生後も清に朝貢を続けていた琉球は、蒸気船の受け取りを拒否しました。

この事件で、先住民（パイワン人）はなぜ漂流民を殺害したのでしょうか。今からではわからないことが多いのですが、パイワン人が育てていた作物を漂流民が食べていたところを発見し、敵と判断されたと考えられます。漂流民にすれば食べ物にありついたと思ったかもしれませんが、そんなことは知らないパイワン人からすると、食物を略奪されたと考えても不思議はありません。互いに意思の疎通(そつう)はできないからです。

さらに当時、台湾近海には外国船がたびたびやってきて、先住民ともめごとを起こしていました。そのため、見慣れない人々に対して、先住民たちが警戒心を強めていた時期だったことも一因だったと思われます。

★3　今のおよそ六〇億円に相当する。

パイワン人の頭目の石葺き屋根の家〈森丑之助〉

さらに読んでみよう

殷允芃(いんいんほう)『台湾の歴史——日台交渉の三百年』（藤原書店、一九九六）

台湾民主国国旗（再現したもの）　〈CC by Jeff Dahl〉

5 台湾民主国の独立宣言

朝鮮に出兵した日本軍は一八九四年七月二三日、朝鮮の王宮を占領し、その三日後に清の軍艦に砲撃を加え、日清戦争が始まりました。有利なうちに戦争を進めた日本は翌年、清と下関条約を結びました。清は、朝鮮の独立を承認する、遼東(リヤオトン)半島と台湾を日本に割譲(かつじょう)する、二億両(テール)★の賠償金を支払うことを約束しました。しかし台湾の人たちはこの条約を認めず、独立を宣言したため、その後七カ月以上も日本は戦争を続けなければなりませんでした。

★ 約三億円。今のおよそ一二兆円に相当する。

Q1 当時の台湾はどういう状況だったのですか。

A 一九世紀半ば以後、台湾は茶・砂糖・樟脳(しょうのう)の生産が急速に伸び、欧米との貿易も増えていきました。一八八五年には、それまで福建(フーチエン)省の一部にすぎなかった台湾は台湾省となり、基隆(きーるん)や高雄(たかお)などの港や台北・台南などを中心に都市化が進みました。

台湾の巡撫（省の長官）には、洋務運動[★1]を推進した開化派の役人が就任し、なかでも劉銘伝は基隆～台北（三二キロメートル）、台北～新竹（六七キロメートル）の鉄道敷設に力を入れました。さらに電気、電信などの社会施設を整備し、大陸から多くの資金を導入しました。

劉はまた、「清賦事業」と呼ばれた土地調査事業に着手しました。これは、土地および田畑の所有者を確定し、それまで税を逃れていた隠し田（↓四七ページ）を探し出し、正規の田畑とさせたものです。このため、省の地租収入が一八・三万両から六七・五万両[★2]に増えました。

劉の改革は、住民の負担を原則とし、新しい事業を起こすと同時に税の徴収も怠りませんでした。土地調査事業も近代化政策の財源を開拓するために始めたもので、農民の立場に立ったものではありませんでした。そのため、一部の地方官が功績をあせり、公正を欠いたこともありました。

台湾中西部の彰化県では、測量が正しくないとして民衆が集まり抗議すると、役人は、解散しないと死刑にするぞと脅したりしました。そこで彰化県の人々は施九緞を指導者として、数千人が抗議集会を開きました。そこに軍隊が派遣され、弾圧が始まると民衆は四散しましたが、施九緞は民衆にかくまわれて捕えられることはありませんでした。

★1　一八六〇年代に清で起きた、ヨーロッパ近代文明の科学技術を導入することで国力増強を図ることを意図した運動。曽国藩・李鴻章・劉銘伝らが推進した。

★2　それぞれ今の一一〇億円、四〇五億円に相当する。

Q2 台湾民主国とはどういう国ですか。

A 下関条約によって台湾・澎湖(ほうこ)諸島は清から日本に割譲されましたが、台湾の人々に知らされたのは条約調印の三日後のことでした。台湾では多くの人々が反対の声を上げましたが、清政府からの通告には「台湾よりも首都が大事だ。台湾は孤島にすぎない」と書かれていました。

そこで台湾の人々は、前巡撫(じゅんぶ)だった唐景崧(とうけいそん)を総統に、台湾民主国を樹立しました。五月二三日に発表された独立宣言には、「衙門(がもん)日寇(にっこう)★は横暴にして、わが台湾の併呑(へいどん)を欲している。わが台湾同胞は倭（日本）に服せず、戦って死を選ぶことを誓う」とうたわれていました。年号や国旗も定められました。唐の布告のなかには「議院を開設し、議員を選ぶ」と、議会政治についてもふれられていました。しかし同時に「歴代皇帝陛下の旧恩を念頭に刻み、謹(つつし)んで臣服する」と、清への服従も言っています。

台湾民主国は計画的につくられたものではなく、台湾などが日本に割譲されることを知った台湾の人々が急いで立ち上げたものでした。唐は、かげではすでに公金を上海に送って、逃げる準備をしていました。そして日本軍の上陸後、廈門(アモイ)に逃亡してしまいました。清政府も役人たちに帰国命令を出していました。

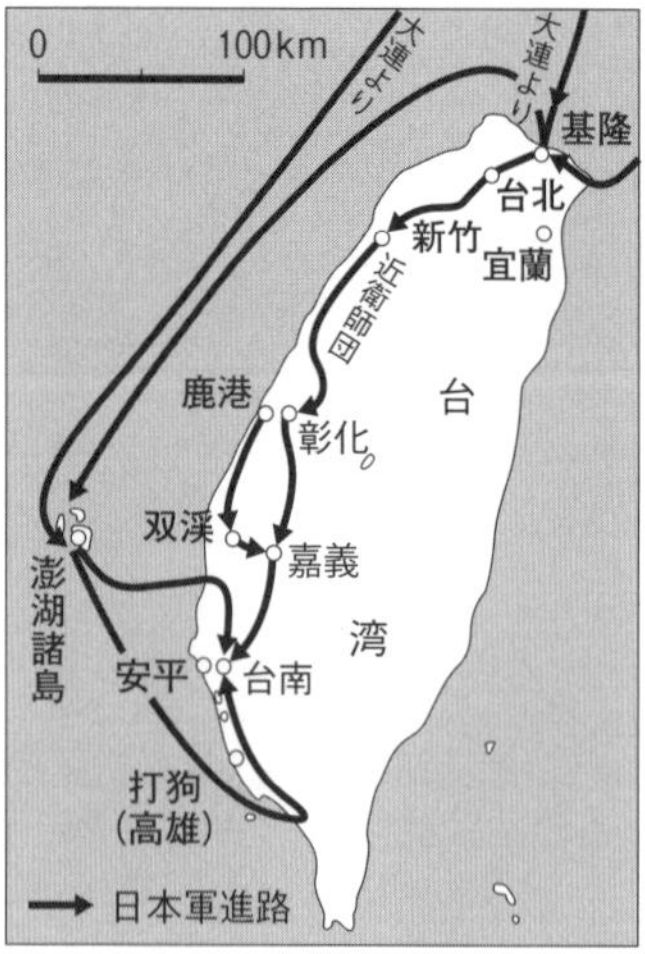

★ 衙門は役所のこと。この建物は日本の植民地時代に台北公会堂として改築され、第二次世界大戦終結時には日本が中国に降伏するときの式場となった。日寇は日本のこと。

台湾征服戦争の経過

Q3
日本は台湾をどのように占領したのですか。

A 一八九五年五月二四日、日本軍司令官の樺山資紀(かばやますけのり)海軍大将は、広島の宇品(うじな)港から出発し、近衛師団と合流しながら、二九日に台湾に上陸しました。清の正規軍や義勇兵合わせて五万人と言われていましたが、たいした戦闘もなく基隆(きーるん)を占領しました。その後、台北、淡水(たんすい)を占領し、樺山は元台湾巡撫衙門で始政式を行って、全台湾の占領をめざしました。澎湖島は下関で講和会議が開かれている最中の三月二四日に占領しています。こうして、ほとんど抵抗もなく日本軍は北部を制圧しました。

このままいけば台湾全土の占領も時間の問題かと思われましたが、このころから抵抗が強くなり、日本軍は苦戦を強いられました。住民によるゲリラ戦が展開されたからでした。北部の平鎮(へいちん)の占領に手こずっている間に、それに呼応して台北でも反乱が起き、兵力不足が明らかになりました。七月に大本営は増派を決定し、伊藤博文内閣も、台湾の情勢が「至難の境遇」にある★1ため「鎮定までの間は法規にのっとらなくてもよい」とする通達を発しました。

台北で住民と戦った宮城県出身のある兵士は、父親に次のような手紙を送っています。「この地域の土民(どみん)（当時は住民をこう呼んだ）たちはわが隊を茶

台湾賊降伏の図〈『地図台湾』南天書局有限公司より〉

でもてなすなど歓迎すると見せかけ、そのあたりを捜索していると、いっせいに攻撃をしかけてきた。男子はもちろん女子も小銃を放ち、子どもまで竹槍で退路を断とうとした。そこで、後日別の隊が彼らを多数殺害した」

台湾中部でも南部でも、老若男女が義勇兵として、郷土防衛のために抵抗したと言われます。とりわけ南部では、日清戦争中に台湾防衛を命じられていた劉永福（りゅうえいふく）が率いる黒旗軍が主力となって日本軍と戦いました。彼は黒旗軍を率いて、ベトナムに侵入したフランス軍を敗北させたことでよく知られた軍人でした。唐景崧らが逃亡すると、劉が台南で台湾民主国のリーダーとなり、台南議会を設置したり、紙幣を発行したりしました。

このような強い抵抗が起きたのは、台湾中南部の住民が、すでに台湾を自分たちの土地と考え、台湾で生きる決意が固かったからでした。これまでの移民意識が薄れ、械闘（かいとう）を繰り返してきた客家人、福建人、広東人（コワントン）の間に連帯感が生まれ、台湾人としての意識が生まれていたのです。台東では、先住民も西部からの移住民とともにゲリラ戦を展開しました。

日本軍は、台湾民衆の武装闘争だけでなく、赤痢（せきり）や風土病であるマラリアにも悩まされました。当時の日本軍の記録には、「八月中旬になると各隊の半分以上が病人となっている」とあります。これだけ病人が出ると戦うことはできません。

しかし、一〇月一九日、日本軍のたび重なる攻撃で劉永福将軍も台湾を脱出し、台湾民主国は崩壊しました。台南を無血占領すると、樺山総督は台湾

劉永福将軍が樺山資紀を斬首する想像上の勝利の図〈『IZLAND FORMOSA』南天書局有限公司より〉

★1 戦争中におかれた天皇直属の最高統帥機関。

平定宣言を東京に報告しました。

日本は台湾を占領するために、約七万六〇〇〇人の兵力を投入し、死者[★2]五三〇〇人を超える被害を出しました。死者の八七パーセントは戦病死者でした。一方、台湾住民の死者は一万四〇〇〇人以上と推定されます。

Q4 平定宣言の後には、台湾の人たちは日本の支配に反対しなかったのですか。

A 反対しました。樺山総督が平定を宣言した後も、台湾全土でゲリラ活動が活発に行われました。平定宣言の翌月には、台湾民主国再興の呼びかけとともに、台湾北部の宜蘭（ぎらん）に駐屯していた日本軍が包囲されました。翌年の一月には、台北が襲われるなど各地で抵抗が続きました。

六月には台湾南西部の雲林（うんりん）で、およそ一〇〇〇人が日本軍守備隊を攻撃し、日本人商店を襲いました。その報復に日本軍が多数の民家を焼きはらい、住民を殺したため、かえって蜂起が他の地域にも広がりました。そのため日本軍はこの地域から退却し、日本人がいなくなったほどでした。日本軍が勢力を回復したのは七月の半ばです。一八九五年から一九〇二年までに、台北や台中が二回、各地の守備隊が五十数回、巡査がいる派出所などは数えきれないほど襲撃されたといいます。

★2 一八九四年八月～九五年四月の日本と清の戦争では約一万三〇〇〇人が戦死した。そのうち一万二〇〇〇人ほどは病死である。

「征清書談」（地図を見ながら「台湾はもちろん日本のものだ」と話し合う子どもたち。『少年世界』明治二八年発行に掲載）

当時、日本では抵抗する台湾民衆を「土匪（どひ）」[★1]と呼んで、徹底して弾圧しました。一八九八年一一月に総督府[★2]は大規模な討伐作戦を開始しました。討伐に先立って、民家を焼かない、土匪であるかどうか地方の有力者に確認する、嫌疑者は裁判で裁くなどの禁令が定められましたが、実際には民家は焼かれ、戦闘後に憲兵に殺害された住民も多く、禁令はほとんど守られませんでした。そのため、住民の中にはいったんは帰順したものの、その後反旗を翻した人々もいました。

一方、辜顕栄（こけんえい）[★3]のように積極的に日本に協力した人もいました。台北の有力商人だった辜は、日本軍の台北入城のときに協力し、さらに日本軍が南下すると道案内をしたり抗日勢力に降伏を呼びかけたりしました。その報賞か、後に樟脳（しょうのう）の製造・販売を総督府から許可され、塩田開設やアヘン、タバコ販売の特権も認められて、台湾の大資産家の一人に名を連ねました。

★1 「武装して集団となって略奪をする土着民」という意味の蔑称。

★2 台湾を支配するために設置された日本の役所。

★3 彼は一九三四年に日本の貴族院議員となった。

さらに読んでみよう

原田敬一『戦争の日本史19 日清戦争』（吉川弘文館、二〇〇八）

征伐

親王様ハ色々ノゴナンギモオイトヒナク、アマリニオ勉メニナリマシタノデ、御征伐ノ途中デ御病氣ニオカヽリナサイマシタ。オ供ノ人々ハ、シバラクオ休ミナサレルヤウニ申シ上ゲマシタガ、親王様ハドウシテ

公学校用国民読本（第二課　能久親王）★1

6 日本の台湾支配の始まり

台湾が日本に割譲されると、台湾を支配する機関として台湾総督府が設置されました。その頂点に立つ台湾総督は、行政・司法・立法から軍事までを一手に握る強大な権限を持っていました。★2 そのため「土皇帝」と呼ばれるほどでした。初代総督には海軍大将樺山資紀が任命され、一九人の歴代総督のうち半分以上は軍出身者で占められました。

★1　台湾人の子どもが通った公学校用国民読本では、台湾人の抵抗を「悪者どもの手向かい」と表現した。挿し絵は台湾神社。

★2　台湾総督は内閣総理大臣などの指揮・監督を受けたが、後に植民地となった朝鮮の総督は天皇の直属となった。

Q1 総督府の役人にはどういう人たちが任命されたのですか。

A その多くが日本人でした。台湾人の職員も採用されましたが、高官への昇進の機会は閉ざされていました。一九四〇年代になっても州知事（県知事）や市尹（市長）などはすべて日本人で、総督府に属する高等官一四〇〇人余りのうち台湾人は一五〜六人（一パーセント）ほどしかいませんでした。台湾人警察官はすべて巡査以下で、公立中学校★1の校長に任命された台

★1　尋常小学校を卒業した男子生徒の通う五年制の学校。一九四七年の学校教育法によって廃止された。

湾人も一人もいませんでした。[★2]

汚職に手を染めた台湾総督府の役人もおり、一八九七年の一年間に総督府にかかわる汚職事件は四件もありました。そのとき台湾総督府高等法院長だった高野孟矩（たかのたけのり）は、総督乃木希典（のぎまれすけ）の指示の下に摘発に乗りだしました。高等官十数名が逮捕され、総督に次ぐ民政局長まで逮捕されるといううわさが広まったほどでした。すると、政府と協議した乃木総督は、民政局長らを休職にし、同時に高野も辞めさせようとしました。ところが高野は、裁判官の身分は大日本帝国憲法によって保障されていると主張し、これに応じませんでした。これに対して政府が強硬に処分をしたため、問題がさらに大きくなりました。処分の理由が、台湾に憲法は適用されないということだったからです。

その後、植民地台湾と日本本国との関係をどうするのかをめぐって、帝国議会で何度も法律が改定されました。しかし、「律令（りつれい）」という、台湾にかぎって適用される法律を定める権限を総督に与えていることは変わりませんでした。[★3]

Q2 日本は支配を確立するためにどのような政策をとったのですか。

★2　総督府の職員は、一八九六年の四六三八人から、一九〇〇年代に一万人、一九二〇年に二万人、一九三八年に七万人、一九四〇年には八万六〇〇〇人へとしだいに増えていった。

★3　一九一〇年に植民地となった朝鮮では、天皇が任命する朝鮮総督に「制令」を定める権限を与え、軍事を司るなど、台湾総督よりも強い権力を持たせた。

A 一八九八年に民政長官に就任した後藤新平は、台湾の土地や人口を調査させ、この調査をもとに新しい政策を立案し、実行に移しました。

まず、この年から七年の歳月を費やして土地調査事業を実施しました。延べ一六七万人を動員して各地を測量するとともに、申告によって所有者・境界・等級などを定めました。調査は台湾西部の平地を中心に行われ、東部や島々は調査の範囲に入っていませんでした。

当時の台湾の土地制度は複雑で、小作人が納めた小作料が「小租戸（しょうそこ）」と呼ばれた地主を経由して、その一部がさらに「大租戸（だいそこ）」という地主へ納められていました。その大租戸の権利を総督府が買い上げる形で解消させたのです。さらに隠し田を摘発することによって、土地調査後の耕地は田畑を合わせて六四万ヘクタールに達し、調査前の予想の二倍にもなりました。後に地代に対する税率を引き上げたこともあり、この事業は総督府財政確立の基礎を築きました。★1

さらに、申告されなかったりして「無主」（所有者がいない）の土地をいったん公有とし、日本人に払い下げていきました。一九〇六年の総督府の歳入（下のグラフ）を見てみると、アヘン★2収入や食塩などの専売による多額の収入があり、また製糖★3業者に対する製糖税を廃止して砂糖消費税を新設する手法を採ったことがわかります。

台湾銀行も創立され、通貨として台湾銀行券を発行し、公債を引きうけて交通、運輸、港湾などの施設を整備するのに大きな役割をはたしました。

総督府経常収入（一九〇六年）

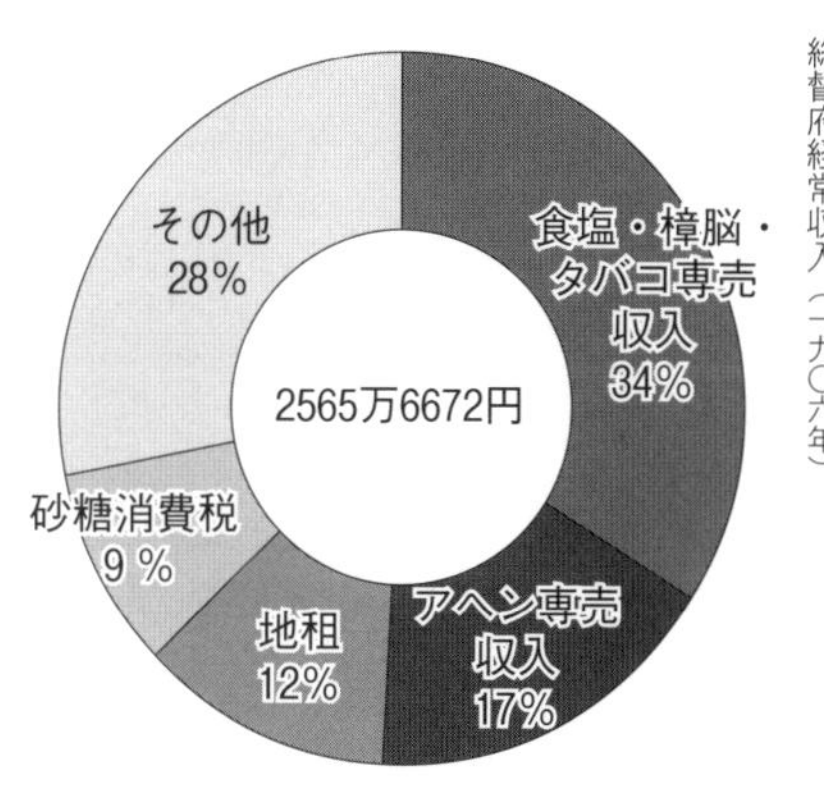

★1　一八九四年の地租総額は約八四万円だったが、地税引き上げ後の一九〇五年には約二九六万円と、三・五倍となった。

★2　後藤長官はアヘンをすぐに禁止するのではなく、中毒者を管理してだんだんなくしていく方法を採った。その政策は引き継がれ、最終的にアヘン製造が打ち切られるのは、一九四四年を待たなければならなかった。

★3　総督府は、製糖業の発展のために各種の奨励金や補助金を支給し、日本本国の資金によって台湾製糖会社などが次々に創立された。

一方、一〇戸（世帯）を甲とし、一〇甲を保とする保甲(ほこう)★4制度が設けられました。保甲は、戸口調査、自然災害・犯罪の警戒、「土匪(どひ)」と呼ばれた抵抗運動の捜査、伝染病の予防、アヘンの防止、道路・橋などの整備などをまかされました。同時に、保甲の中の青年男子からなる壮丁団もつくられ、警察の指揮・監督下に、犯罪や天災への警備に従事し、抗日分子の鎮圧にも動員されました。しかし給料は払われませんでした。保甲のメンバーは互いに連帯責任があるとされ、メンバーの一人が罪を犯せば全員が処罰されました。

さらに、「匪徒(ひと)刑罰令」を布告し、台湾民衆の抵抗運動を厳罰で抑えるとともに、投降者には刑を免除したり、資金や仕事を与えたりしました。

★4　先住民族には適用されなかった。

Q3

台湾になぜ神社があったのですか。

A　台湾で最初に建てられたのは、開山神社でした★1。一八九八年のことです。もともとは鄭成功を祀(まつ)る廟(びょう)でした。国姓爺(こくせんや)★2として名高い鄭の母親が日本人だったことは、まだ抗日闘争がさかんだった台湾で、神社に対する反発をやわらげ、さらに、日本人の台湾開拓の始祖とするのに都合がよかったのです。次に建てられたのが台湾神社でした。後に台湾神宮に格上げされたこの神社は、皇族の北白川宮能久(よしひさ)親王と開拓三神★3と呼ばれる三人の神を祀

★1　一九四五年の日本の敗戦後すぐに、台湾にあるすべての神社が廃止された。台湾神宮の跡は台湾大飯店（台湾ホテル）となり、一九五二年に改築され円山(えんざん)大飯店となった。

★2　明の皇帝から「朱」という国姓を与えられた鄭成功をさす。

り、台湾各地の神社もほとんど台湾神社にならって建てられました。最初、台北の円山に建てる計画でしたが、後にもっと壮大で、市街から境内を見上げるように、剣潭山に総工費三七万円（およそ一四億円）で建てられました。敷地はおよそ八万坪（二六・四ヘクタール）でした。

　能久親王は、台湾征討近衛師団長として出征し、現地でマラリアにかかり、一八九五年一〇月二八日に台南で病死しました。★4 その後一八九八年の帝国議会で、能久親王を祀る神社を建て、新しい領土を鎮めることができるようにすると決められました。能久親王を、台湾平定という偉大な功績をたてた犠牲者とし、ヤマトタケル★5を引きあいに出して、未開の地を開拓したと位置づけたのでした。そして、台湾総督府は一〇月二八日を「台湾神社祭」と定め、この日を全島の祭日としました。

Q4 台湾人の子どもたちも学校に通ったのですか。

A 台湾に住む台湾人の子どもたちは「公学校」に通いました。教員の給与以外は、学校の設置、維持にかかわる経費をすべて住民が負担しました。地方の有力者たちも学校維持のために多額の寄付をしました。

　校舎は主に廟などの建物に間借りし、修身★1、国語（日本語）・作文、読書、

★3 国全体の神、農業の神、医薬の神を合わせて開拓三神と呼んだ。北海道にも建てられた。

★4 ゲリラなどに殺害されたという説もある。

★5 「古事記」に登場し、天皇の命令で日本各地を平定したとされる伝説上の英雄。

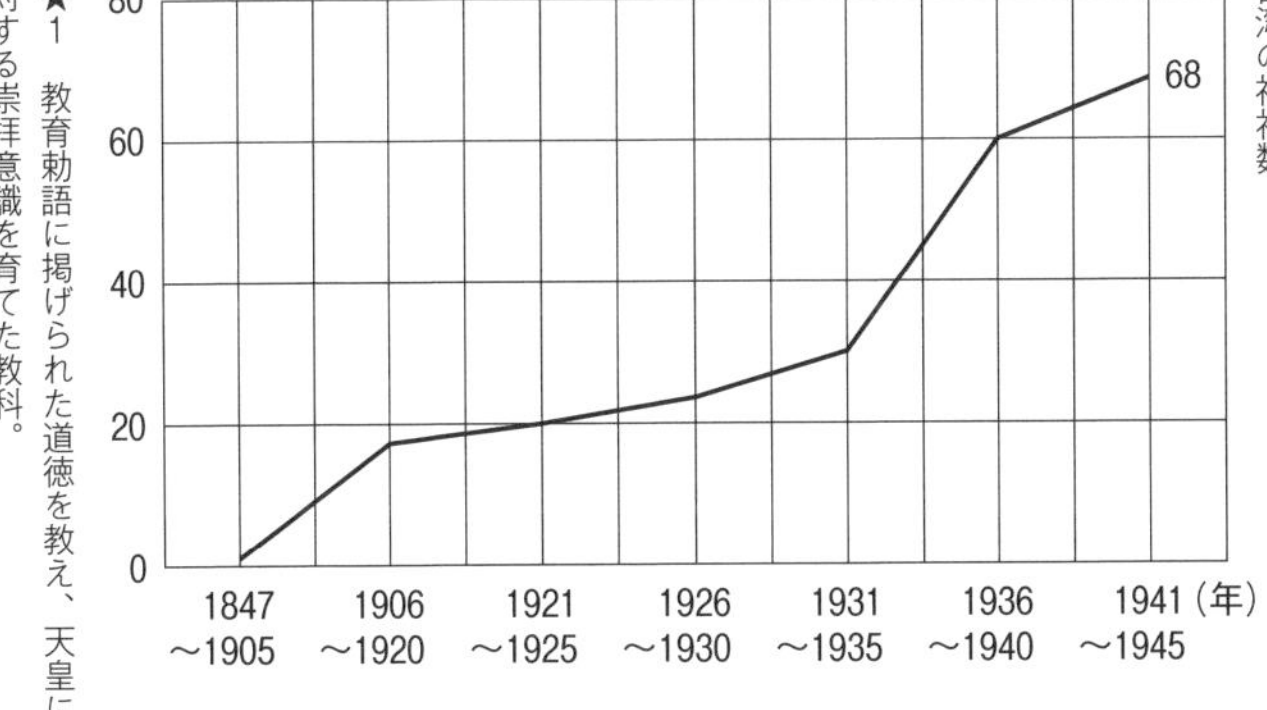

★1 教育勅語に掲げられた道徳を教え、天皇に対する崇拝意識を育てた教科。

習字、算術、唱歌、体操を学びました。教科書は総督府が編纂したものを使いました。日本本国と同じように修身がとくに重視されましたが、本国とはちがって読書の中で漢文を教えました。台湾人の子どもたちは、自分たちの話し言葉や書き言葉を学ぶ必要があり、意欲もありました。そのため、以前からあった書房★2という漢文を教える私設の学校に通う子どもたちも多く、ある公学校の半分以上の生徒は入学前に書房に行っていたといいます。

初めは全島に公学校が五五校しかなく、また入学しても欠席者が多く、設立後数年たっても出席率は約三六パーセントでしたから、毎日通うべきところだと思われていなかったことがわかります。また、退学者も多く、六年制★3であっても、三年生になるまでに四分の三は退学してしまいました。その理由のほとんどが「家事都合」でした。

それでも、新しい学校は台湾人の子どもたちにとっても魅力あるものでした。「四書五経」などの儒学の古典を学ぶ書房とはちがって、体操や唱歌があり、子どもたちの好奇心をかきたてるカリキュラムを整えていました。総督府が書房の教育をきびしく監視していったこともあって、しだいに公学校に通う台湾人の子どもたちが増えていきました。

山あいの先住民に対しては、四年制の「蕃童教育所」を設け、修身、国語、図画、唱歌、体操などを教えました。ただし、教員は日本人の警察官でした。警察官は、水路の見回り、道路の補修などさまざまな仕事をこなしたうえで教育にも力をつくさなければならず、さらに、先住民の子どもにも日本語で

★2　漢文を中心に四書五経を教えた私立の学校。
★3　規則によれば八～一四歳までの子どもしか入学できなかった。

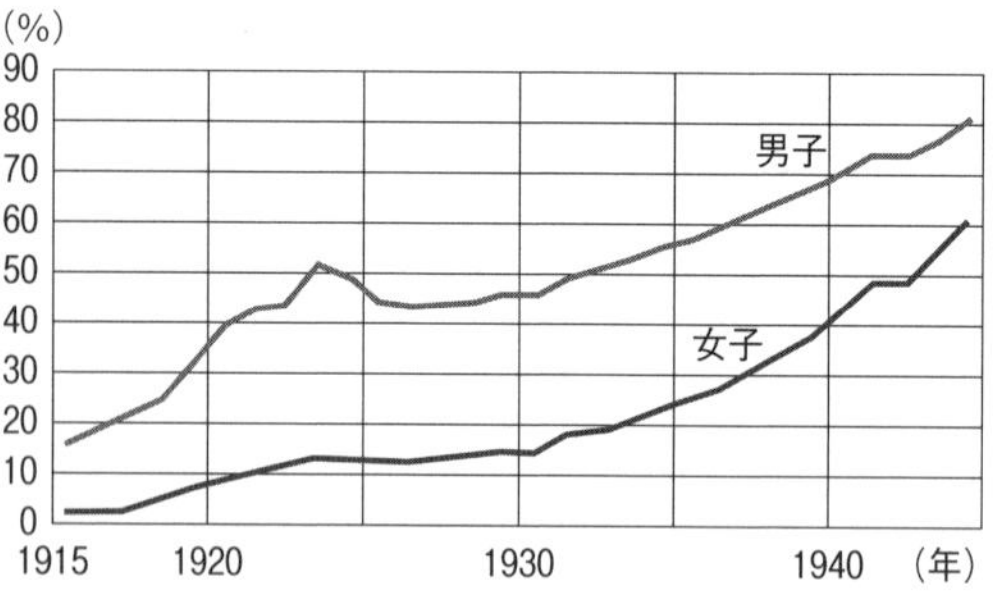

公学校の就学率

教えるよう指導されていました。

山あい以外の先住民の子どもは、国語、算術、修身を中心に、必要に応じて農業や手工芸、唱歌などを教える「蕃人公学校」に通うことになりました。これもやはり四年制でした。

一方、台湾に住む日本人の子どもたちは小学校に通いました。一八九八年に設置された、義務教育を実施する学校でした。日本本国の小学校と同じ教科書で教えられ、一九一〇年の就学率は九三パーセントを超えました。

Q5 日本に標準時が二つあったのですか。

A 一八九五年一二月に、台湾島の西を通る子午線（東経一二〇度）が西部標準時とされ、八重山列島・宮古列島と台湾・澎湖諸島に適用されました。このため、一八八六年にすでに定められていた中央標準時（東経一三五度）とともに、日本には二つの時間が生まれました。時差は一時間でした（次頁の地図参照）。

このように、日本の時間に組み込まれるにつれて、台湾ではしだいに時報システムが確立されていきます。電信網が整備され、台湾各地に気象測候所がつくられたこともこれに一役買いました。電信網の整備は、島内の反抗勢

蕃童教育所で学ぶ先住民の児童〈『台湾』中公新書より〉

力を武力で鎮圧するための軍事情報伝達の役割も果たしていました。

その後、日本とのあいだに経済的に深いつながりが生まれたこともあって、中央標準時への統合論が力を持つようになります。「朝鮮が併合の最初から中央標準時を採用している」という意見もあり、一九三七年に西部標準時が廃止されました。

なお、現在も台湾ではこの東経一二〇度の子午線が標準時とされています（馬祖島・金門島を含む）。一方、中国は広大な国土ですが、同じ東経一二〇度の子午線を中国標準時と定めています。

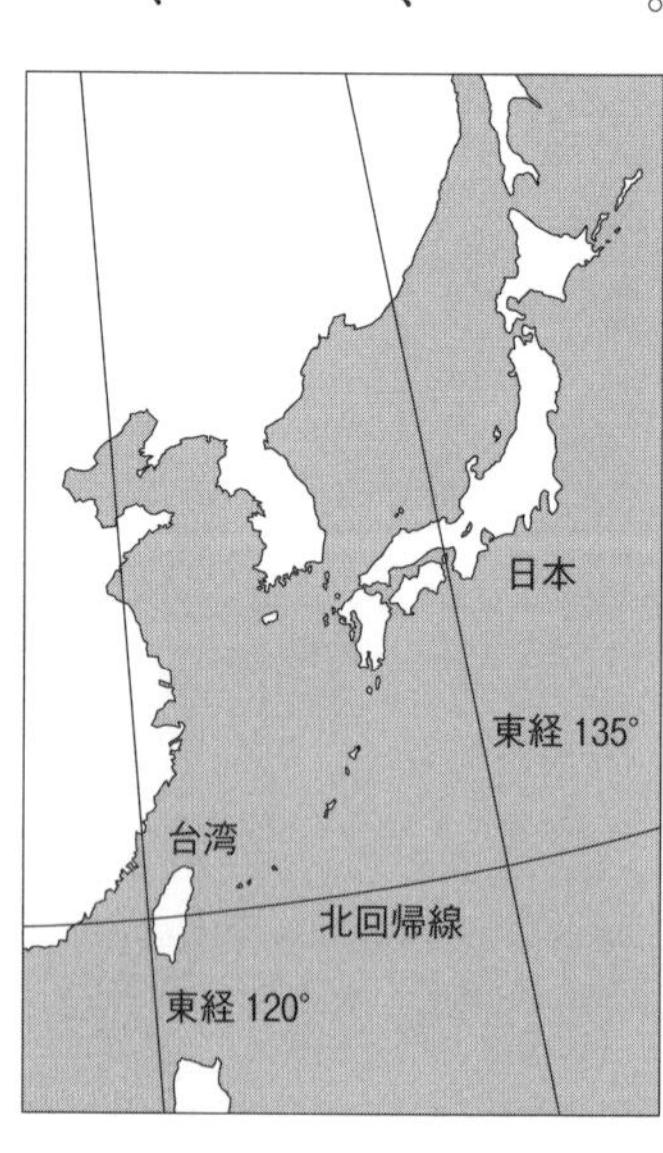

さらに読んでみよう

黄昭堂『台湾総督府』（ちくま学芸文庫、二〇一九）

7 変わりゆく植民地台湾

台湾が日本の植民地となって五年後の一九〇〇年に、てん足を廃止する運動が始まりました。てん足とは、幼児期より女性の足に布を巻かせ、足が大きくならないようにする風習をいいます。もともと台湾にはない風習で、一七世紀頃、福建省出身の中国人が大陸からもちこみ、しだいに全土に広まり、その一族の階級を表すようになっていました。しかし、古い風習に反発する女性たちも現れるなど、台湾社会もしだいに変わっていきました。

てん足した女性用のくつ（インディアナポリス子供博物館）

Q1 台湾の女性は好んでてん足をしていたのですか。

A 有力者の娘たちは、外に出るものではないとされ、一生のほとんどを家の中ですごしました。小さい足の娘は上流階級の印のように見られていました。しかし、この風習は、女性に屈従をしいるものでもありました。

てん足廃止運動は、台湾総督府も奨励しましたが、台湾人の有力者たちが文明国家にふさわしくないとして自発的に始めたものでした。

そして、教育を受けた女性たちも、てん足が不合理であることを感じていました。なかには通学の途中で、自分の足に巻かれていた布を海に投げすてた女学生もいました。こうして、漢人の六割以上の女性を縛りつけていたてん足も、一九一五年の調査では二割を大きく下回り、てん足をした一〇歳以下の女子は〇・三パーセントと激減しています。

廃止運動にはずみをつけたのは、中国の辛亥(しんがい)革命★1でした。一九一一年に起きた革命は、清朝を倒し、中華民国という新しい国づくりへと進みますが、文化的にも台湾に非常に大きな影響を与えました。てん足廃止運動や断髪運動★2が急速に盛り上がっていったのもその一つでした。女性のてん足も男性の弁髪(べんぱつ)も、ともに古い風習であり、清が倒れたからには新しい時代にふさわしい風習が打ちたてられるべきだとする考えが広まりました。

それに対して、日本の総督府の考えは、少しちがっていました。てん足や弁髪は中国風だとして、台湾が日本の領土となったからには中国の風習をやめさせなければならないと考えていたのでした。

孫文

★1　孫文を中心にした勢力が、清を倒し、共和制国家の中華民国を樹立した革命をいう。

★2　清では、満州民族の風習である弁髪を拒否すると死刑とされた。そのため、「頭を残すものは、髪を残さず。髪を残すものは、頭を残さず」と言われた。その弁髪を切る運動を断髪運動という。断髪は革命派のシンボルともなった。

Q2 台湾人の女子も学校へ通えたのですか。

A 通えました。ただし、一部のかぎられた人たちでした。一九一五年には二パーセントほどでしたが、一九二〇年代には一〇パーセント台、一九三〇年代前半は二〇パーセント台、後半は三〇パーセント以上の女子が学校へ通いました。しかし、男子と同様に、途中で辞めてしまうこともありました。

それでも一九二〇年代になると、公学校[★1]や小学校で終わるのではなく、高等女学校へ進学する女子もしだいに増えていきました。こうして女学生が台湾各都市の街頭に現れました。おさげ髪で制服を身につけた彼女たちの姿は、人々の注目の的となりました。台北第三高等女学校に通ったある台湾人女性は、「紫色のスカートのすその二条の黒テープが、どんなにか幼い乙女たちの心を惹きつけたかわかりません」と当時をふり返っています。

学費は高く、諸経費を合わせると年間一二〇円程度が必要でした。およそ三五円だった台北の一般労働者の月収からすると、三、四カ月分になります。

学校では、一九二〇年代になるとそれまで週三時間だった修身が六時間に、一一時間だった国語（日本語）が二四時間に増え、地理・歴史が新設されました。神社参拝や国語常用が強く呼びかけられ、日本的な風俗も取りいれられました。当時、多くの台湾人女性が洋服を着ていたにもかかわらず、台湾人の女学生は和服を着てピアノの演奏をしたりしました。

こうして台湾人と日本人が接近するようになると、差別を受ける機会も増えていきます。日本留学経験者の父親と高等女学校を卒業した母親をもつ杜

★1　それまで日本人児童は小学校へ、台湾人児童は公学校へ通うとされていたが、一九二二年から「国語を常用する者」は小学校へ、「常用しない者」は公学校へ通うことになった。この場合の「国語」とは日本語のことである。中学校や高等女学校は日本人と台湾人がともに通う学校となった。

日本統治初期の女生徒の授業風景〈『図説台湾の歴史』平凡社より〉

潘芳格（ばんほうかく）は、小学校に入学すると日本人児童からいじめを受けました。

これは男子も同じで、日本人教師からも差別を受けたりしました。しかし、なかにはきびしいながら、台湾人にも日本人にも公平に接した教師がいたことも事実です。子どもたちは敏感に悟りました。台南第二中学校で学んだある男性は、「卒業生に一番人気があった先生は、台湾人、日本人という区別をしなかった。生徒を自分の子どもみたいに思って教育していた。なぜならその先生は沖縄から来たから」と当時のようすを語っています。この先生は、のちに戦後初代沖縄県知事となる屋良朝苗（やらちょうびょう）★2でした。

Q3 台北市にある旧総督府の建物は日本人が建てたのですか。

A 台北市に立つ台湾総統府の建物は、一九一九年に竣工した、日本の台湾総督府庁舎だったものです。鉄筋コンクリート造り、五階建ての建物です。中央にある塔は高さが六〇メートルもあります。現在も台湾政府の元首である総統が執務する公舎として利用されています。

日本統治の当初は、清時代の役所を総督府庁舎として使っていました。早くから新しい建物を建てて移転せよ、という意見がありましたが、財政問題もあってなかなか進みませんでした。それでも、日本の台湾支配が進むにつ

★2　一九六八年の琉球政府主席公選に立候補し、当時の野党や教職員会、労働組合などから圧倒的な支持を受けて当選した。革新主席として米軍統治下に祖国復帰を実現させた。その後、一九七二年の復帰にともなう県知事選でも当選をはたし、復帰後初の知事に就任した。

台湾総統府（旧台湾総督府庁舎）

れて、その威容を示す必要が生まれました。

そこで総督府は、一九〇七年に総督府庁舎の設計を懸賞募集し、西洋の建築様式を取りいれた庁舎をつくりました。その他にも、病院、警察署、監獄なども西洋様式で建築し、欧米諸国の人々に、目に見える形で日本の支配の姿を示そうとしたのでした。同時に、台湾人に対しても日本の威容を印象づけようとしましたが、台湾の人々は西洋の建築様式であることに気づいていました。

また、ちょうど工事期間中に第一次世界大戦が勃発し、物価が高騰しました。そのため、工事の初めに一樽三円四〇銭だったセメントが、工事の終わり頃には一〇円になっていました。浅野セメント★が高雄にセメント工場を建てたのは一九一七年のことでした。年産五・二万トンの計画で操業を始め、五年でその計画を大きく上回りました。台湾だけでなく、廈門や香港にもさかんに輸出されました。

Q4 この当時の台湾では、米づくりが農業の中心だったのですか。

A 米づくりはとてもさかんでした。とくに、日本で米騒動[★1]が起きると、朝鮮でも台湾でも米づくりが奨励されました。台中農事試験場は「蓬

★ 戦前の一五大財閥の一つである浅野財閥の中心となっていた会社。現在の太平洋セメント。

★1 シベリア戦争（出兵）を見越した地主と米商人の投機などをきっかけに米価が急騰し、民衆が米の安売りを要求して地主や米商人を襲った。その鎮圧には軍隊が出動した。

莱米」という新しい品種をつくり出すことに成功しました。新品種米は、南部の気候を利用して二期作も可能でした。台湾の従来米よりも価格が高く、その八〇パーセント以上は日本に移出されました。

さらに総督府は、南部の嘉南平原に灌漑施設を建設して開拓しました。この地域では甘蔗（さつまいも）栽培をしていましたが、日照りや豪雨に悩まされていました。そこで、烏山頭ダムと一万六〇〇〇キロメートルにおよぶ灌漑用水路の建設を計画し、一九二〇年に着工、一〇年かけて竣工しました。総経費[★2]五四〇〇万円のうち半分を総督府が負担し、残りは水利組合の会員が負担しました。

ただし、整備された平原では、一年目は米、二年目は雑穀、三年目はサトウキビというように計画に従わなければなりませんでした。給水があらかじめ決められているので、農民の自由にはできなかったのです。一方で、米の価格、甘蔗の価格は毎年変化しました。

それでも、蓬萊米を中心に米づくりがさかんになると、台湾各地のサトウキビ畑が水田に変わっていきました。サトウキビの生産が減り、製糖業に影響をおよぼし始めると、米価の変動に沿って甘蔗の価格を変動させる方法をとり、なんとか甘蔗の栽培を維持していきました。製糖業が植民地の経済を支えていたからです。

★2　今の二七〇〇億円にあたる。

田・サトウキビ畑の変化

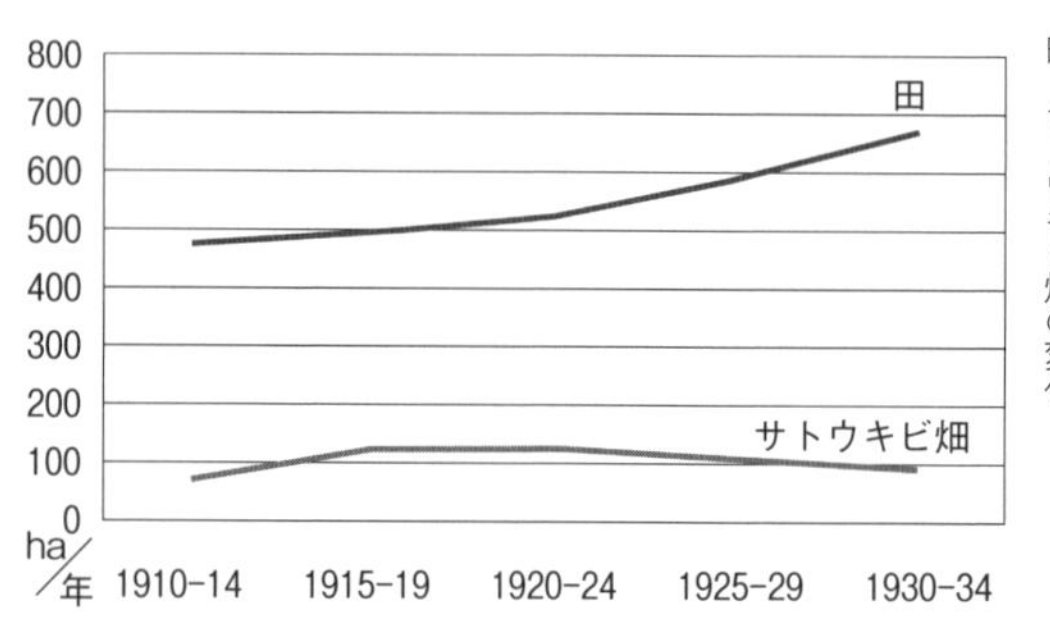

さらに読んでみよう

洪郁如『近代台湾女性史——日本の植民統治と「新女性」の誕生』（勁草書房、二〇〇一）

横浜台湾人会の歓迎を受ける台湾議会設置請願団
（『幌馬車の歌』草風館より）

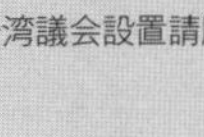

8 植民地台湾に議会を設置せよ

一九一五年六月、余清芳らが大明慈悲国をうち立て、日本人を追いはらおうと蜂起し、台湾南部の派出所を襲ったりしました。二カ月余りの後、二〇〇〇人近くが逮捕され、八〇〇人以上が死刑の判決を受けました。

この後は、台湾では武装抵抗運動よりも、政治運動によって台湾人の権利を獲得していこうとする考えが広まっていきました。

Q1 台湾には議会はなかったのですか。

A ありませんでした。そこで、余清芳らの抵抗運動の後には議会設置を求める政治運動がさかんになりました。とくに林献堂は、日本人と平等の権利を獲得するために奔走しました。彼は、台湾議会設置運動はあくまでも日本政府に対する請願運動でなければならないと主張し、台湾総督の立法権や予算編成について協議する権利だけを要求し、台湾の自治までは求めませんでした。

一方、日本に留学していた二〇〇〇人を超える台湾人青年らは、一九一一年の辛亥（しんがい）革命、さらにはロシア革命★1や、日本で起きた大正デモクラシー★2の影響を強く受け、議会設置の運動に積極的に参加しました。また、議会設置運動が起きる二年前には、朝鮮では三・一独立運動★3、中国では五・四運動★4が起きていました。

この運動に対して総督府は、たとえ当面は自治の要求であったとしても、将来は台湾独立をめざすにちがいないとして警戒し、きびしく請願の撤回を求めました。日本の帝国議会も、不採択、上程せず、審議未了などいろいろな形を取りましたが、いずれにせよ台湾議会の設置を認めることはありませんでした。

そして、運動が発展するにつれて、総督府は、日本本国で一九〇〇年に制定されていた治安警察法を台湾にも適用して、四一人を起訴しました。担当の検察官は、「台湾人には自由の権利を要求する資格はない。同化政策を認めないならば台湾から立ち去れ」と言いはなちました。

★1　一九一七年にロシア帝国で起きた革命。とくにレーニンらが史上最初の社会主義国家をうち立てた十月革命をさす。

★2　一九一〇年代から一九二〇年代に、政治・社会・文化の各方面で起きた民主主義、自由主義的な運動、風潮、思潮をいう。吉野作造が民本主義を唱え、普通選挙制度を求める運動が結実して満二五歳以上の男子に選挙権が与えられた。こうしたことを背景に原敬が首相となり、日本初の本格的政党内閣が生まれ、台湾総督にも文官が任命されるようになった。

★3　一九一九年三月一日に起きた朝鮮の独立運動。二〇〇万人以上の民衆が参加し、朝鮮総督府の武断統治を改めさせ、集会や言論、出版に一定の自由を認めさせた。

★4　日本が中国に対して対華二一か条の要求を出したことに反対し、学生を中心に亡国の危機と反帝国主義を訴えた運動。

Q2
このころの台湾の女性はどんなファッションでしたか。

A 「モガ」（モダン・ガール）、つまり近代女性が登場しました。髪を切って短髪（たんぱつ）にし、ハイヒールを履き、新しいファッションを身につける。とくに短い髪は、それまでの女性らしさにとらわれないという意志の表現でした。

一九三〇年代に入って、台北などでこうした女性たちが多く見られるようになりました。彼女たちはホーロー語で「黒猫（オーニャウ）」と呼ばれました。この「黒猫」には、魅惑的でやや野性的な女性という意味があります。

台湾では、伝統的な台湾服に代わって、チャイナドレスと洋服が新しいファッションとして競っていました。上海からの影響であるチャイナドレスは、日本でも一九三〇年代にブームになりました。しかし、植民地台湾でチャイナドレスを着ることは、単なるファッションとはちがった意味をもちます。特に、満州事変、そして日中戦争が起きると、チャイナドレスを着た台湾人は、日本人から鋭い視線を注がれました。日本人はそこに「中国＝敵国」を意識したからです。

一方、洋服にはそのような意味はありません。洋服は日本、台湾双方にとって外来のものであり、進歩的と受けとられていたからです。日本の女性の八〇パーセント以上が和服を着ていた一九四〇年代初めに、台北の台湾人女性の六〇パーセントは洋服を着ていました。★ そのため台湾人が「内地（ないち）（日本）に行くと、洋服を着慣れない女性が多かった」と感じたほどでした。

森永製菓台湾会社のスイートガールに起用された林鴛鴦〈『モダンガールと植民地近代』岩波書店より〉

★ 台北在住の日本人女性は、三〇パーセントが洋服を着ていた。

Q3 台湾人中学生は日本人の校長のことをどう思っていたのですか。

A 一九二五年、一人の教師が九州から台中州立第一中学校の校長として赴任してきました。名前を下村虎六郎といいました。

この台中一中は台湾人の生徒が多く、下村は赴任すると、さっそく生徒たちに日本語を正確に使うよう命じました。二年後、学生たちのストライキが勃発します。発端は、学生寮の日本人炊事長夫婦が、厨房にあった片栗粉にネズミの糞が交じっていたのをそのまま使ったことでした。日頃から夫婦のやり方に不満を持っていた生徒たちが学校の舎監に相談すると、日本人寮長は炊事長の肩をもって、生徒たちに、さわぎを起こすつもりなら勝手に起こせ、と暴言をはいたりしました。これに怒った生徒たちがさわぎだしました。すると下村校長は、寮長に服従すること、炊事長に誤りはないのだから辞めさせない、そしてもし生徒がどのような理由であっても規則をやぶれば厳罰に処す、と厳命しました。

この校長の訓示を聞いた生徒たちは、授業をボイコットして学校を離れ、校長の辞表を要求しました。あわてた校長は、寮に住んでいた生徒を追いだしてしまいました。この事件は、卒業生や台中市民の知るところとなり、事件の円満解決を求める人もいましたが、校長は態度を変えませんでした。

当時台湾人が発行していた週刊誌『台湾民報』[★1]は、元将校の校長が、教師の権力は絶対だと考えていること、さらに台湾人生徒に対して民族差別の感情をもっていることが、この事件の原因だと指摘しています。

およそ四カ月続いた事件は、八月には一応落ちつきました。しかし、退学となった四〇名の生徒は、二度と一中にもどることはありませんでした。

入学してまもなくこの事件に遭遇した陳亭卿（戦後第一期の台中県県議会議員）は、「一中は台湾人によって設立された学校だったが、教師はほとんど日本人だった。なかでも校長は優越感の持ち主だった」とふり返っています。この下村校長こそ、後に『次郎物語』[★2]を書いた下村湖人でした。彼は戦後、友人に手紙で「私は台湾人に心からわびたいような気がします」と書いています。

Q4 農民組合や労働組合をつくった人たちの要求はなんだったのですか。

A 彰化県二林地域の農民は、製糖会社に甘蔗（サツマイモ）の買付価格を引き上げるよう要求していましたが、会社はよい返事をしません。そこで、一九二五年六月に二林蔗農組合を組織し、買付前の買付価格公示や協議による買付価格の決定、重量検査時の立会いを要求しました。会社は、

★1 新しい思想を紹介し、記事はすべて中国語で書かれていた。台湾の自治も主張していた。

台湾時代の下村湖人を描いた本

★2 里子に出された主人公が成長していくさまを描いた自伝的小説。多くの人に読まれ、映画やテレビドラマにもなった。

これを拒絶したばかりか、警察に事件への介入を依頼しました。強制買付に反対した農民は反発、警察との衝突に発展し、逮捕者は四〇〇名を超え、二五名が有罪となりました。

また、高雄（たかお）では、甘蔗農園を広げるために小作地の返還を突如として求められた小作人が、簡吉（かんきち）らを中心に鳳山（ほうざん）農民組合をつくって対抗しました。こうした運動の高まりとともに、一九二六年には台湾農民組合がつくられ、一七の支部のもと二万人以上が組合員となりました。

一方、浅野セメント株式会社高雄工場では、工員の一人が傷害容疑で勾留されている間に無断欠勤として解雇されたため、労働者たちはその復職を要求しました。会社側が彼らまで解雇すると、高雄工場の全労働者がストライキに入りました。一九二八年三月のことでした。このときストライキを応援したのが、前月に結成されたばかりの台湾工友総連盟傘下の労働者たちでした。会社がさらに解雇者を増やしたこともあって、この争議は立ち消えになりましたが、総連盟に加入する団体も増え、一万人近くの労働者を組織しました。

さらに、製糖工場の女工だった謝雪紅（しゃせつこう）らは、一九二八年に台湾共産党を結成し、台湾民族独立、台湾共和国の建設などを掲げました。

しかし、このような運動も、台湾総督府の弾圧や内部の意見対立もあってしだいに力を失っていきました。

上海大学の学生たちと謝雪紅（前列右から二人目）
〈『謝雪紅・野の花は枯れず』社会評論社より〉

さらに読んでみよう

若林正丈『台湾抗日運動史研究 増補版』（研文出版、二〇〇一）

1918年のインフルエンザ・パンデミック

1918年にアメリカで発生したとされるインフルエンザ★は、あっという間に世界中に蔓延し、5000万人から1億人の人命を奪いました。当時の世界の人口がおよそ19億人なので、4〜5パーセントにあたります。

この年の6月から10月にかけて台湾では「感冒(かんぼう)」が流行し、台湾駐屯軍で患者が発生しました。『台湾日日新報』に「不思議な熱病が現れる。伝染病の流行ではないか」という記事が載ります(6月20日)。高熱、腰痛、倦怠(けんたい)痛をともない、5日ほどで治まると書いていることからインフルエンザだと思われます。11月になると、肺炎を併発して死亡者が出たり、台北小学校が休校になったことが新聞で報道されています。死亡者が増えるにつれ、火葬場では普段の3倍の火葬をしなければならなかったといいます。

感染はいったん下火になりますが、1919年12月に入って新入営兵の間に患者が続出し、インフルエンザ・ウイルスが、基隆、嘉義、高雄など北部から南部へとなめるように襲っていきました。山中の先住民も罹患(りかん)したという記事があります。1920年1月には、乗務員の罹患によって、列車の一部が止まったほどでした。

370万人ほどの台湾の人口のうち、およそ3年間に5万人が死亡しました。本島人(台湾人)の死亡率は内地人(日本人)のそれの1.5倍ほどでした。先住民は、死亡原因が「不明」とされた場合が多いとされますが、それは医師の診断を受けることなく死亡したものと考えられます。

★ 当時「スペインかぜ」とも呼ばれたが、スペインとこのウイルスとはとりたてて関係がない。また「インフルエンザ」と「かぜ」も異なる疾病である。

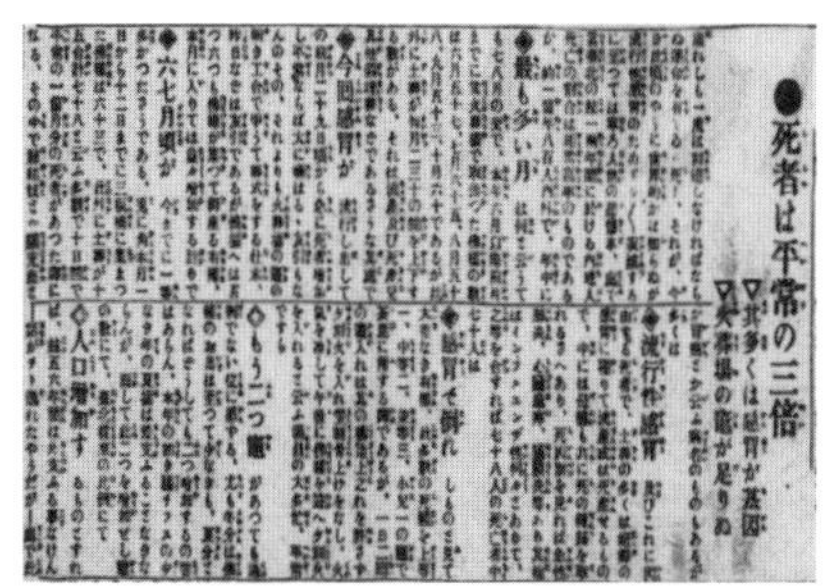
●死者は平常の三倍
▽其多くは感冒が基因
▽火葬場の竈が足りぬ
◆最も多い月
◆今回感冒が
◆六七月頃が
◆流行性感冒
◆感冒で斃れ
◇人口増加す

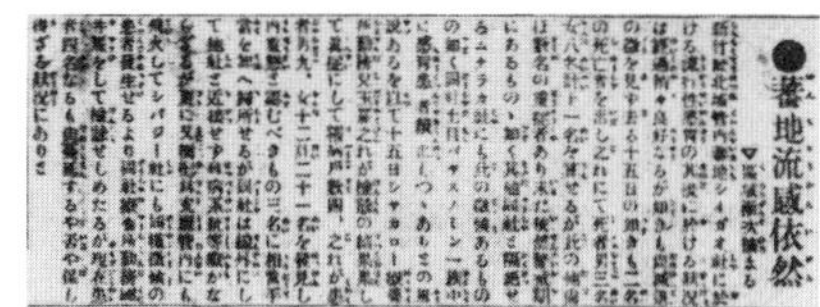
●蕃地流感依然

「台湾日日新報」1918年11月14日、1920年1月18日

さらに読んでみよう　速見融『日本を襲ったスペイン・インフルエンザ——人類とウイルスの第一次世界戦争』藤原書店、2006年

霧社の全景、1921年〈『台湾植民地統治史』梓書院より〉

9 台湾全土を揺るがせた霧社事件

一九三〇年一〇月二七日、台湾中部の山あいの村、霧社で事件は発生しました。武器を持った台湾先住民たち三〇〇人が、その日公学校で行われていた運動会になだれこみ、日本人一三四人を殺害し、造材所や駐在所を次々に襲いました。霧社の日本人はほぼ全滅でした。

日本の領土となってすでに三五年。台湾はもはや平定され、台湾総督府の統治は順調だと誰しもが思っていたため、その衝撃は大きいものがありました。

Q1 どういう人たちが霧社事件に参加したのですか。

A 当時、霧社（現・南投県仁愛郷）には「社」と呼ばれるタイヤル人★の村が一一あり、蜂起したのはマヘボ社、ホーゴー社など六社でした。なかでも中心となったのは、マヘボ社の長モーナ・ルーダオでした。総督府の資料では彼のことを、「性格が凶暴で、頑迷。社会の大局を知らず、自

★霧社のタイヤル人をセデック人と呼ぶこともある。

分の勢力を伸ばすことしか考えず、日本人を駆逐して官憲の指揮から抜けだそうとしていた」と記し、警戒していたと思われます。

産業の発達、とくに樟脳の生産がさかんになると、日本人が中央山脈に連なる霧社の山々にも入りこんでくるようになります。そして、主要な拠点には駐在所を建て、道路を伸ばすなど、建設工事を次々に行いました。こうした工事には、先住民に募金を強制し、出せない場合は労役に従事させました。先住民の狩猟の季節や焼き畑などの時期を無視して工事が行われると、彼らの生活はなおのこと苦しくなりました。このような工事が三年間も続きました。

事件の起きた一九三〇年になると、主に駐在所の子弟が入学する小学校の寄宿舎の改築のために、山の奥に入って檜を切りだす作業が始まりました。道のりも長く、起伏もはげしいうえに、木材が傷つかないように肩にかつがされました。木を運ぶときには引きずるのがタイヤル人の伝統でしたが、認められませんでした。言葉が通じないばかりに、巡査に暴力をふるわれて殺された人もいました。マヘボ社は、木材運搬の要所にあたるため、日頃からモーナ・ルーダオは霧社の人々の不満を聞いていました。こうして彼は蜂起を決め、チャンスを待っていました。

一〇月二八日の「台湾神社祭」を前に、霧社では運動会が行われることになっていました。そのため、霧社の日本人が子どもも大人もみな公学校に集まり、警備も手薄になることを知っていたモーナ・ルーダオは、蜂起の日を

モーナ・ルーダオ（中央）〈『台湾植民地統治史』梓書院より〉

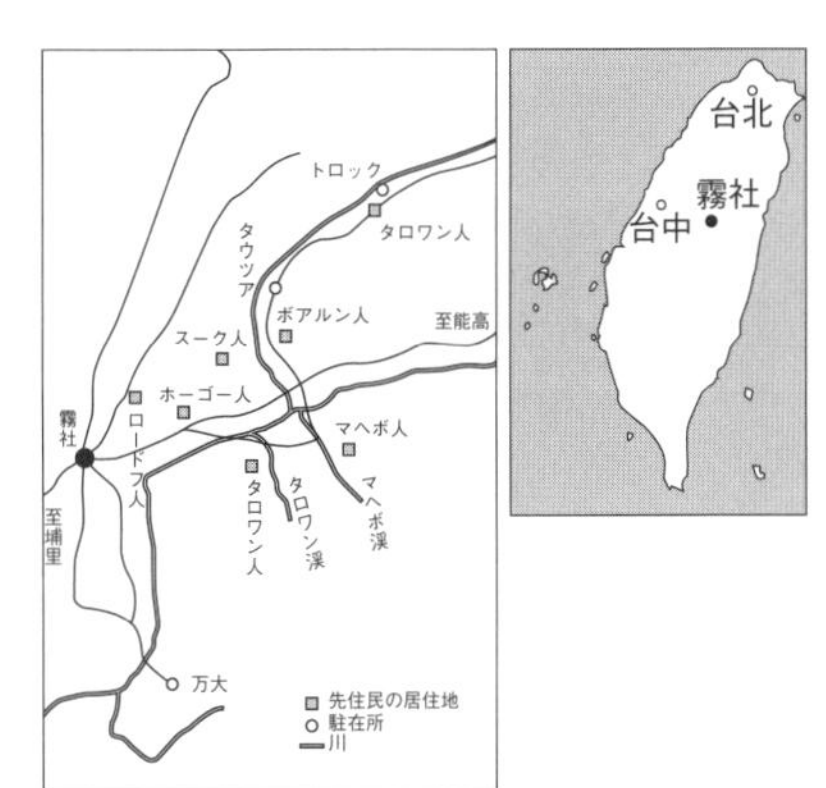

霧社事件の発生地と先住民の居住地

二七日としたのでした。

Q2 霧社事件に対して日本軍はどのような作戦をとりましたか。

A 事件前の霧社は、日本人から模範的な村だと見られていました。その霧社で、多くの日本人が殺される事件が起きたのですから、総督府は、これをいち早く鎮圧しなければならないと考えました。

一〇月二七日をねらって蜂起した霧社の人々に対して、台湾軍司令部はただちに軍隊を派遣しました。警察隊と合わせると、二五〇〇人以上が派遣されました。山砲、焼夷弾、機関銃などを使ってたえまなく攻撃しましたが、山奥に立てこもるモーナ・ルーダオらを攻略することはできませんでした。そのため、飛行機で毒ガスをまいたという記録もありますが、確証はありません。国際法に違反する毒ガスの使用は極秘とされていました。

こうして「戦争」ともいうべき状況となるなか、総督府は日本に服従する先住民たちを攻撃の先頭に立たせました。山のことをよく知っている彼らを使って鎮圧しようとしたのです。しだいに追いつめられたモーナ・ルーダオらは戦死したり、あるいは自害したりしました。こうして戦闘は四〇日ほどで終わりました。

公学校の合同運動会、事件一年前〈『台湾植民地統治史』梓書院より〉

蜂起に参加した六社の人口一二三六人のうち、生き残ったのは五六四人でした。しかし、生き残って収容されていた人々も「味方蕃★」に襲われたのでした。駐在所の巡査部長は後に、警察の幹部が駐在所に立ちよって、「彼らを殲滅（せんめつ）するよう示唆した」と語っています。六社の人々と対立していた先住民をあおって襲わせたのでした。

こうして、二七八人がようやくのことで生き残りました。彼らは日本人が「川中島」と呼んだ渓谷に移住させられ、そこで監視を受けながら生活することになりました。

Q3 霧社事件が起こると、他の先住民はどういう態度をとったのですか。

A モーナ・ルーダオらが駐在所を襲っていたころ、近隣のホーゴー社では蜂起に参加する動きが見えませんでした。それというのも社の長のタダオ・ノーカンが反対していたからでした。

他の社から蜂起に参加するよう促されても、彼は「日本人に抑えつけられて三〇年あまりだ。わが社ではたくさんの男たちが死んだ。ここでむやみに抵抗すればまた多くの人を失う。私は日本人の実力を知っている」と言ったといいます。彼の父や兄たちはみな日本との戦いで戦死していました。そし

★ 当時、総督府は、日本の方針に従う先住民を「味方蕃」と呼んでいた。

銃を持つタイヤル人の味方蕃〈『台湾植民地統治史』梓書院より〉

て、一九一一年に日本に行って各地を見て回ったとき[★1]、日本の都市が繁栄している姿や強力な軍隊を見ていたのでした。しかし、同時に彼にはホーゴー社の長としての自負もあり、最後には説得に応じて、村人たちとともに蜂起に加わりました。

タダオ・ノーカンの娘オビン・タダオは、同じホーゴー社出身のダッキス・ナウイと結婚しました。ダッキス・ナウイは、尋常小学校を卒業して霧社の駐在所で警手[★2]という職についていました。こうして幸せな日々を送っていたとき、事件が勃発（ぼっぱつ）しました。ダッキス・ナウイは悩みました。自分たちを育ててくれた日本人に従えば、村の人々を裏切ることになり、村の人々と一緒に戦えば恩人を殺すことになる、と。同じように悩んでいた村人たちが選んだのは、自害することでした。それが村のしきたりだったのです。

ホーゴー社の林の中に村人たちが集まって自害しようとしたとき、ダッキス・ナウイは妻のオビン・タダオには逃げるよう勧めました。彼女が身ごもっていたからです。こうして彼女とおなかの子だけが助かり、他はみな自害しました。

霧社の中で一番人口の多いパーラン社は蜂起に加わりませんでした。社の青年たちの間では加わるべきだという意見も多かったのですが、長のワリス・ブニは絶対に許しませんでした。それどころか、ワリス・ブニは、事件の翌朝、一〇人あまりの青年をつれて公学校に行き、負傷した日本人を保護してパーラン社に連れかえりました。このため、総督府は事件後、彼に報奨

★1　モーナ・ルーダオも彼らと一緒に日本に行ったことがあった。総督府は、各社の長たちを日本に送って日本の強大さを見せつけ、服従心を植え付けようとしたのである。モーナ・ルーダオは、日本で警官が穏やかな態度で人々に接するのを目にし、霧社の警官は横暴で無理ばかりを押し通している、と強く感じるようになった。

★2　警官の一番下の職位。

ダッキス・ナウイ（下）

オビン・タダオ（左）

金を送ったほどでした。

彼は、内心では日本の高圧的な政策に怒りを感じていましたが、勝ち目のない戦いに社の人々を巻きこみたくないと考え、どうしても蜂起に参加することはできませんでした。彼も日本に行ったことがあったからでした。

Q4 この事件を日本や台湾の人々はどのように考えていたのですか。

A 一〇月二七日未明の蜂起が、台北にある総督府に伝わったのが一一時近くだと思われます。一報を受けた総督府は、事件の推移を見るため、ただちに報道を禁止し、翌日夜に解禁しました。

当時の新聞は、「台湾の蛮人(ばんじん)は台湾討伐以後おとなしく従っていたが、それでも彼らの赤銅(しゃくどう)色の皮膚の下には本来の凶暴性がひそんでいた」と、蜂起したタイヤル人たちを凶暴な野蛮人と報道し、彼らの苦しみに気づくことはありませんでした。しかし、事件が一段落すると、新聞のなかには当局の統治方針に批判的な論調も現れます。たとえば、『東京朝日新聞』は、「台湾を憲法施行の区域外に置き、自治権も参政権も与えず、総督の善政主義の下にいつまでも止めておこうとする」ことこそが問題だと指摘しました。

また、植民地放棄を主張していた石橋湛山(たんざん)★は、『東洋経済新報』の社説で、

生き残った人たちが強制移住させられた川中島〈七〇・七一頁写真『台湾植民地統治史』梓書院より〉

★ 植民地の台湾・朝鮮の放棄や、満州事件以後は日本軍の満州からの撤退を主張した。一九五六年に首相となるが、病気のため二カ月で辞任した。

この蜂起の原因はタイヤル人ではなく当局者にあるとして、軍による過剰なまでの鎮圧作戦について非難しました。

一方、台湾の自治を強く要求していた人々は、この事件は「十数年来の総督府の政策は破綻した。その責任は、なんでも抑えこもうとするやり方と征服観念を抱くすべての在台日本人にある」と主張しました。製糖会社で働くある台湾人労働者は、雑誌に「台湾全島に散在している高砂民族（台湾先住民のこと）であるわれわれの同胞と連帯していかなければならない」「霧社事件は世界の弱小民族の台頭と一脈通じている」という文章を投稿しました。

さらに読んでみよう

早乙女勝元編『母と子でみる30 台湾からの手紙——霧社事件・サヨンの旅から』（草の根出版会、一九九六）

台湾に徴兵令が下されたことを知らせるポスター〈国立歴史民俗博物館蔵〉

10 アジア太平洋戦争下の台湾

一九七四年一二月二六日、インドネシアのモロタイ島で旧日本兵が発見されたと、日本の各新聞が報じました。記者の質問に「陸軍一等兵中村輝夫であります。日本はまだ負けてはおりません」と答えました。一九四二年に陸軍特別志願兵に応募して日本軍兵士となり、モロタイ島の戦闘で部隊とはぐれて以来、独りジャングルで戦い続けたといいます。彼は、本名をスニヨンという台湾の先住民でした。★日本によるアジア侵略から敗戦に至るまで、台湾はどのような状況にあったのでしょうか。

★ その後も、日本軍の軍夫に徴用され、フィリピンで生活していた台湾人が見つかったことが、一九七八年に台湾で大きく報道された。

Q1 どうして台湾人が日本の戦争に志願したのですか。

A 一九三七年に日中戦争が始まると、台湾人の皇民化、台湾産業の工業化などがおし進められました。

皇民化とは、植民地の人々に徹底して天皇への忠誠を求める政策でした。新聞も日本語だけになりました。古くからある寺や廟（びょう）を整理し、神社に参拝させ、各家庭に「天照大神」と書かれた御札を祀らせました。一九四〇年になると、姓名を日本式にする改姓名運動が始まりました★1。

一九四一年に日米間で戦争が勃発し、太平洋に大きく戦線が拡大すると、台湾の先住民を動員して高砂義勇隊が組織されました。先住民はまとめて「高砂族」とされたのです。先住民はジャングルでの生活に慣れていたので、日本兵を助けました。「飢えに苦しみながらも生き残れたのは彼らのおかげだ」と感謝する日本兵も多く、霧社事件で生き残った霧社の青年たちも、「事件の汚名を晴らし、日本人と同格となろう」と義勇隊に志願していきました。

さらに、一九四二年には陸軍特別志願兵制度が、翌年には海軍特別志願兵制度が実施され、多くの台湾人が応募しました。中村一等兵ことスニヨンもその一人でした。そして、戦争末期の一九四四年には徴兵制度が実施され、必ず兵隊に行かなければならなくなりました。動員された、およそ二一万人の台湾人軍人・軍属★2のうち三万人が死亡しています。

戦争末期になると、米軍を台湾に上陸させ、内陸に引きいれて戦う計画で山奥にやってきた日本軍は、先住民の女性たちに洗濯など身の回りの世話をさせました。そればかりか、抵抗する彼女たちに、隊長は「お前たちの夫は命を陛下にささげて戦っているのに、自分の身体をささげられないのか」と言って、夜の相手をさせました。犠牲となった女性のなかには、兵隊の相手をしたことを悔いて、今も自分を責める女性もいます。

★1　国語（日本語）を常用し、皇国臣民としての資質があると認められると、日本式の姓名が許可された。朝鮮では、姓の他に新たに氏をつくる創氏改名が行われた。

★2　主に軍需物資の補給や軍事施設の建設などに携わる、軍人以外で軍隊に所属する人をいう。ただし、実際には戦闘に加わる場合も多い。

霧社からも出征する軍人〈『台湾植民地統治史』梓書院より〉

Q2

戦争に反対した人はいなかったのですか。

A

表だって戦争反対を口にすることはできませんでしたが、心の底から戦争に賛成していた人たちばかりではありませんでした。

「日本は戦争に負けているから、台湾では本島人（台湾人）を軍夫として召集する。それは死地に赴くことに等しい」などのうわさが飛びかいました。このようななかで民衆は、逃亡、役場の担当者の買収、仮病、身代わりなど、さまざまな方法で徴兵を忌避しました。国防献金を工面して免除をたのんだり、人選をめぐって役場に押しかける抗議行動も起きています。高雄のある村では、軍夫忌避のための祈願祭が行われ、関係者が警察に勾留されました。

軍夫として徴発されて大陸に渡り、南京虐殺事件に遭遇した林歳徳は、台湾にもどると脱走します。そして日本本土に逃れ、七年間軍需工場を転々としながら東京で日本の敗戦を迎えました。

日中戦争が始まると、中国大陸で日本の侵略に抵抗する台湾義勇軍が組織され、台湾人青年らが参加しました。「祖国（中国）の抗戦を援助」するためにつくられ、主に民衆への医療や日本軍への投降の呼びかけを行いました。

ニューギニアの戦場で決死隊として敵の陣地を爆破したときにもらった「賞詞」を広げる先住民のラデンラマカウ〈『台湾植民地統治史』梓書院〉

Q3 台湾の子どもたちは戦時下をどのようにすごしていたのですか。

台北近郊の山村で生まれた林景明は、公学校二年生のとき、一家が「国語家庭」[★1]となり、他の台湾人よりも多くの食糧を配給されたりしました。

苦労して難関を突破し、台北第二中学校に入学した林景明は、四年生になると同時に学徒兵として日本軍に入隊させられました。一五歳でした。召集令状も見た覚えはなく、口頭で伝えられただけでした。当時、二万人の台湾人学徒兵の三分の二は一六歳未満だったといいます。

入隊後、米軍の空襲を避けて、部隊が台湾北部の礁渓に移って四カ月後、日本の敗戦を迎えました。天皇の玉音放送のあった翌日の八月一六日に、台湾軍司令官は、「もし敵にわが国体護持[★2]に反する行動があれば、一兵にいたるまで戦う」という命令を発し、徹底抗戦を強調しましたが、数日後には撤回され、台湾の日本軍も敗戦を受け入れました。

一方、一九四三年五月から約一年間に、八〇〇〇人を超える台湾の少年たちが海を渡って日本に向かいました。潜水艦の攻撃におびえながら日本に到着すると、神奈川県の高座海軍工廠で研修を受け、名古屋市の三菱重工業など全国各地の海軍工廠に配属されました。いわゆる学徒勤労動員です。

★1 家族がみな「国語」（日本語）を話せると「国語家庭」として認められた。

★2 天皇が治める政治体制を守りぬくこと。

霧社公学校で剣舞の練習をする女生徒。女子にも武士道の精神をたたきこんだ〈『台湾植民地統治史』梓書院より〉

動員されたなかには国民学校[★3]を卒業したばかりの少年たちもいました。貧しい家の子も多く、日本に行けば働きながら学べると言われていました。皇民化教育を受けた子どもたちは、「日本人」として国のためにつくそうと考えていました。こうして一二、三歳の台湾人少年たちは、朝五時半には起きて戦闘機を生産し、昼夜交替で働きました。ポスターには「つくれ！　送れ！　撃て！」と書かれていました。

しかし、空襲が始まると、まっ先にねらわれるのはこうした軍需工場です。一九四四年一二月には名古屋が空襲され、とくに三菱重工業大江（おおえ）工場に爆弾が投下されました。当時、大江工場で働いていた台湾人の頼金芳（らいきんぽう）は、このとき死んだ同郷の卓勇（たくゆう）の遺骨を、後に台湾に持ち帰りました。ただし、遺骨の箱の中には、卓勇のズック靴の切れはししか入っていませんでした。爆撃機B29の投下した爆弾によって、二五人の台湾人少年たちを含む三〇〇人以上が一瞬にして犠牲となりました。

Q4 台湾の人たちも戦犯として裁かれたのですか。

A

第二次世界大戦後、戦争犯罪人に対する裁判が行われました。ニュルンベルク裁判[★1]と東京裁判[★2]です。この二つの裁判は「平和に対する罪」

★3　日本本国の小学校が国民学校とされたのに合わせて、台湾でもそれまでの小学校・公学校が国民学校と名前を変えた。

海軍の工場で飛行機をつくる台湾の少年工〈『子どもたちの昭和史』大月書店より〉

★1　ドイツのニュルンベルクで一九四五年六月から一年にわたって行われた。ドイツの主要な戦争犯罪人をアメリカ・イギリス・フランス・ソ連の裁判官が裁いた。

★2　正式名称を極東国際軍事裁判といい、オーストラリア・アメリカ・イギリス・ソ連・中国などの連合国から選ばれた裁判官が、日本の戦争指導者を裁いた。一九四六年から三年にわたって行われた。

（A級戦争犯罪）などの戦争犯罪を裁いたもので、主に戦争を企画、指導した政府や軍の指導者が対象でした。

この他に「通例の戦争犯罪」（B級戦争犯罪）と、「人道に対する罪」（C級戦争犯罪）が裁かれました。残虐行為を命令したり、実行したりした人々が裁かれたのです。東京裁判の被告はわずか二八人（死刑七人）でしたが、イギリス・オーストラリア・中国など七カ国で行われたBC級裁判では、約五七〇〇人（同九三四人）が裁かれました。

これらの裁判で被告となったのは、日本人ばかりではありませんでした。日本の植民地だった朝鮮や台湾から軍人・軍属として徴発された人々も裁かれました。[★3]一四八人の朝鮮人（死刑二三人）や一七三人の台湾人（同二一人）が裁かれたのです。台湾人の場合は、主に日本軍の通訳や捕虜収容所の監視員でした。

高雄生まれの林水木（はやしみき）は、一九四二年にボルネオの捕虜収容所の監視員となりました。日本人の上官から「ビシビシやれ」と言われ、監視員たちは、捕虜をなぐったりすることなどをたたきこまれました。ジュネーブ条約で、捕虜は人格および名誉を尊重される権利を持つと定められていることなどを教育されたことはありませんでした。そして、林水木の証言によれば、「五、六回なぐって禁錮（きんこ）一五年の刑を言いわたされ」、モロタイ島の収容所に収監されました。

[★4]サンフランシスコ講和条約が結ばれると、各地の収容所の戦犯たちが日本

朝鮮人・台湾人戦犯の数

	アメリカ	イギリス	オーストラリア	オランダ	フランス	フィリピン	中国	計
戦犯人数	1453	978	949	1038	230	169	883	5700
朝鮮人	3	56	5	68	0	0	16	148
台湾人	4	26	95	7	0	0	41	173

(出典) 内海愛子『朝鮮人BC級戦犯の記録』152ページより。
(注) イギリスの裁判記録によると、イギリス裁判では朝鮮人49人，台湾人23人（実数22人）である。この表では、オーストラリアのシンガポール裁判で裁かれた者がイギリスに含まれているのではないかと思われる。詳細は林博史著『裁かれた戦争犯罪』参照。
(林博史『BC級戦犯裁判』岩波新書、153頁より)

★3　この他にも、サイパン人が日本軍占領下でグアム住民を虐待したとして、そしてサハリンに住んでいたウィルタやニブヒなどの少数民族もスパイ容疑で裁かれた。いずれも日本軍の命令による行為が裁かれた。

★4　日本と連合国の間で結ばれた平和条約。これによって連合国による占領が終わり、日本は主権を回復した。

に帰されるようになりました。林水木も一九五三年に日本に送られ、東京の「巣鴨プリズン」[★5]と呼ばれた拘置所に収監されました。出所したのは一九五六年のことです。その後、軍人恩給[★6]を請求しましたが、「日本人ではない」として拒否されました。裁判に訴えますが、結果は同じでした[★7]。

また、一九七四年までモロタイ島で潜伏を続けた中村一等兵ことスニヨン[★8]には、未払い給与三万八〇〇〇円と帰還手当三万円の計六万八〇〇〇円が支払われ、インドネシアからそのまま台湾に帰されました。スニヨンが見つかる一、二年前に、横井庄一、小野田寛郎の二人の日本人兵士があいついで見つかりましたが、彼らにはそれぞれ一〇〇〇万円、二〇〇〇万円が支払われていました。

このような姿勢は、戦争に行かせるときは日本人だから当然とし、戦争が終わると今度は「日本人ではないので補償はできない」と言っていることになります。

★5　現在はサンシャインビルが建っている。

★6　軍人であった期間に応じて支給される年金。

★7　二〇〇一年、宮崎地方裁判所は原告の訴えを退けたものの、その心情は理解でき、適切な立法措置を期待するとした。

★8　アミ人であるスニヨンには三つの名前がある。先住民名はスニヨン、日本の植民地下では中村輝夫、国民党下の台湾名は李光輝である。

東京の照栄院に建てられた「シンガポールチャンギー殉難者慰霊碑」（朝鮮人・台湾人を含むBC級戦犯の慰霊碑、筆者撮影）

さらに読んでみよう

河崎真澄『還ってきた台湾人日本兵』（文春新書、二〇〇三）

二二八紀念館（台北市）

11 国民党が二・二八事件を引きおこす

日本の敗戦後、連合軍の協定に基づいて台湾は国民政府に接収されました。二年後の一九四七年二月二七日の夕方、台北市内で闇タバコを売っていた中年女性が、取締官にタバコと売上金を取り上げられた際、銃の柄でなぐられてけがを負いました。それに抗議した人々に取締官が発砲し、一人の市民が流れ弾に当たって死亡する事件が起きました。これが、国民党による独裁のきっかけとなった二・二八事件の発端でした。

Q1 台湾人は日本の敗戦を知っていましたか。

A もちろん知っていました。日本の支配をこころよく思っていなかった台湾の人々は「祖国」がもどってくることを心から歓迎しました。

戦時統制がなくなって新聞や雑誌などが次々に発刊されました。一九四五年一〇月一〇日に『民報』を発刊した人々には、抗日運動のメンバーが含まれていました。一〇月一〇日は中華民国の建国の日でした。彼らは民主的な選挙が台湾で行われることを願って、しだいに台湾を接収した国民政府の政策や社会問題に対して批判的な意見を掲載するようになりました。

同じころ、『政経報』という雑誌も創刊されました。台湾の政治や経済の課題を研究し、それを通して新台湾を建設することを目的としていました。この雑誌は「省を最高自治単位とし、省憲法を制定し、省長民選を実施する」など、台湾の完全自治を唱えました。

一方、海外にいた台湾人の動きも活発でした。北京の台湾人団体は、漢民族として祖国を復興させるため祖国復帰を願う、と主張していました。

当時、日本本土にいた台湾人は二万人にもなっていました。東京では台湾同郷会が結成され、差別を肯定する植民地主義に反対し、新しい台湾社会を建設することを掲げて、組織的に帰国運動に取り組みました。その結果、八〇〇〇人以上が台湾へもどったのでした。

★1 一九一一年の辛亥革命によって建国された。

★2 一九四三年のカイロ宣言で台湾は「中華民国に返還」されることが約束され、アメリカの支援を受けながら、台湾は国民政府に接収された。

Q2

国民政府は台湾をどうしようとしていたのですか。

A 国民政府の蔣介石(しょうかいせき)主席から台湾行政長官に任命された陳儀(ちんぎ)が、一九四五年一〇月二四日に台北の松山飛行場に到着します。多くの人々が出

日本の植民地統治からの解放を祝って集まった人々〈『図説台湾の歴史』平凡社より〉

迎え、「万人空巷（みなが家をあけて迎える）」と表現した人もいました。翌二五日には式典が行われ、日本の植民地支配は終わりました。

しかし、台湾人が期待していた「祖国」が幻想であったことに気づくのに、それほど時間はかかりませんでした。役所では汚職がはびこり、軍隊は規律がなく、わがもの顔で民間の物はなんでも取り上げていくしまつでした。

陳儀は、台湾住民に対して「日本の植民地下で奴隷扱いされ、不公平な待遇や差別を受けていた。だが今、中国の国民となった。中国の主権は国民にあるのだから、あなたたちは日本の奴隷から中国の主人となったのである」と強調しました。そして、試験によって公務員を起用すると約束しましたが、その試験は北京語で行われたため、北京語のできない台湾人は排除されました。さらに、日本の敗戦を知った台湾人たちは、台湾農民協会や台湾学生連盟、台湾建設協会などさまざまな社会団体を結成し、新生台湾の建設をめざしていましたが、陳儀は、そうした団体をいっさい認めませんでした。

敗戦当時、約四九万人いた日本人は、一〇〇〇円までの現金とリュックサック以外のあらかたの財産を残して、台湾を去らなければなりませんでした。そして、一九四六年には日本人が残していった産業施設が接収され、国営化・公営化されました。さらに、国共内戦（↓八七ページ）が始まると、台湾の砂糖や石炭などの物資が大量に中国大陸へ送られました。

多くの台湾人の反対を押しきって、陳儀は、一九四六年八月以降は新聞や雑誌から日本語を排除しました。日本語は国策に有害であり、一般の人々の

国民党軍を迎える台湾の生徒たち〈『図説台湾の歴史』平凡社より〉

中国文化の学習に悪い影響をあたえるから、というのでした。★

Q3 敗戦後の日本は食糧難でしたが、台湾ではどうだったのですか。

A 日本の敗戦によって日本から台湾への肥料の移送がストップし、台湾では米の生産高が急激に減少しました。一九三八年には一四〇万トンの米が生産されていましたが、一九四五年には六〇万トンと、四〇パーセント強しか生産されませんでした。戦争中に牛などが総督府によって徴用されたこと、米軍の爆撃などで水利施設の破壊が進んだことなども減産の原因でした。さらに、大陸で国共内戦が始まって大量の米が必要になると、国民党は台湾米を中国大陸へ搬送しようとしました。このため米価が高騰しました。

一方、陳儀は、食糧配給制度を維持することを宣言していました。ところが、政府が農民から買いとる価格が市場価格をはるかに下回っていたため、多くの農民が供出を拒否しました。こうして米の価格が一九四五年の一〇月から二カ月の間に、なんと一〇倍にはね上がったのです。このため米を買えなくなった人々は不安におちいりました。

失業者が増え、治安もどんどん悪化していきました。一九四六年一二月には失業者が三〇万人に達しました。これは当時の勤労人口の六分の一にあた

★ 陳儀をはじめ国民党の人々は、台湾人は日本化されているため、精神面、文化面が改造されないかぎり中国人にはなれない、と考えていた。

陳儀

ります。そのうえ、中国大陸からやってきた人々が工場の責任者となったため、台湾人が解雇されたことも多かったといわれます。

Q4 二・二八事件とはどういう事件ですか。

A 日本の敗戦後、台湾では、中国大陸からやってきた軍人や警官による違法行為が頻発していました。なかでも一九四六年一一月、違法行為を行った警官を逮捕しようとした台湾人の検察官が、逆に襲撃された事件が起きました。一応は裁判にかけられたものの、主犯格の警官は無罪になったため、もともと台湾に住んでいた人々と、新しく中国大陸から台湾に来た人々の間の亀裂が深まりました。

そこに、翌年の二月二七日の事件が起きたのでした。人々は、取締官の横暴に耐えかねて抗議をしたのです。市民を射殺した取締官が警察局に逃げこんだのを見て、人々は警察局に殺人犯の逮捕と処罰を求めますが、はねつけられました。翌二八日、四〇〇〇人以上の人々が集まって、陳儀に直接訴えようと長官公署（現・台湾総統府）に向かいました。そのとき、長官公署の屋上から突然機関銃が火を噴き、多くの人々が死傷しました。

このため、台湾市民の一部は、台湾放送局に押し入って、圧政に抗議して

二・二八事件当日の旧台北駅（左上）〈『図説台湾の歴史』平凡社より〉

立ちあがるようラジオで呼びかけました。抗議行動はまたたく間に全島に広がっていきました。三月二日、台北市で二・二八事件処理委員会が自主的に組織されました。そして、陳儀と交渉し、今回の抗議行動参加者の責任を追及せず、死傷者に補償することを約束させました。さらに、その後の交渉で、長官公署を省政府に改編すること、県・市長などの選挙を実施することを認めさせました。台湾の自治を要求したのです。こうして事件はいったん収まりました。

ところが、すでに陳儀は、鎮圧軍の派兵を要請する電報を蒋介石に送っていました。つまり、鎮圧軍が到着するまでの時間をかせぐために、処理委員会側に譲歩する姿勢を見せていたのでした。

三月八日、国民党軍の軍艦が大砲を撃ちこみながら、基隆港に入港しました。機関銃を乱射するようすは、まるで敵前上陸のようだったといいます。翌日、警備総司令部は★戒厳令を布告し、政府軍は基隆から台北市に入りました。一〇日、政府軍は南下して台中市を占領し、ついで南部の嘉義市、高雄市もあいついで政府軍の手に落ちました。この過程で政府軍による虐殺が繰り返され、二万人以上が犠牲となりました。一部の逮捕者は見せしめに大衆の前で銃殺され、遺体の引きとりも禁止されました。

また、このような一般市民の虐殺だけでなく、多くのジャーナリストが秘密のうちに逮捕・処刑されました。当時は行方不明とされた多くの人々が、じつは政府機関によって計画的に拉致・処刑されたことが、後に明らかにな

★ 平時の法を停止し、行政権・司法権を軍隊の司令官に委任する命令をいう。

りました。『台湾新生報』という政府寄りの新聞社の社長をしていた阮朝日（げんちょうじつ）もその一人でした。海南島に残されていた台湾人や旧日本兵の救出に力をつくしたり、『日華辞典』を編纂したりした阮朝日は、諜報（ちょうほう）機関員と思われる男たちに同行を求められ、ふたたび帰宅することはありませんでした。一九四七年三月一二日の朝のことでした。家族は何度も政府に調査を依頼しますが、なしのつぶてでした。

民主化が進んだ一九九一年一一月、事件から四〇年以上もたって、ついに真相が明らかになりました。阮朝日らは「二・二八事件反乱の首謀者」とされて処刑されていたのでした。もちろん証拠などもなく、新しい台湾の建設のために行動していたことが罪とされたのでした。

『台湾新生報』での記念撮影。着席した左から六人目が阮朝日〈『台湾二二八の真実』まどか出版より〉

さらに読んでみよう

阮美姝（げんみす）『台湾二二八の真実——消えた父を探して』（まどか出版、二〇〇六）

蒋介石

12 国共内戦と台湾

日本の敗戦とともに、中国では国民党と共産党が激しく対立し、内戦（国共内戦）が始まりました。共産党軍は一九四八年に瀋陽、一九四九年に北京、上海、南京と相次いで占領し、国民政府は台湾に逃れます。ここに内戦の戦局は決しました。一九四九年一〇月一日、中国共産党の指導者毛沢東は、北京の天安門で中華人民共和国の成立を宣言しました。

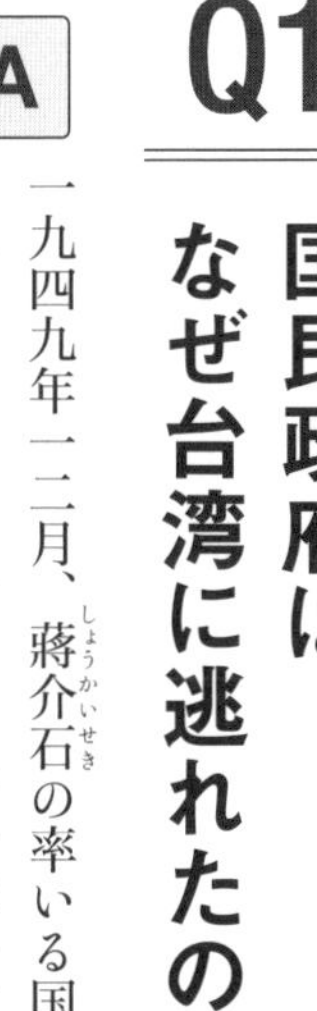

Q1 国民政府はなぜ台湾に逃れたのですか。

A 一九四九年一二月、蒋介石の率いる国民政府が、なだれをうって台湾に逃れました。当初は台北市が臨時首都に定められ、役人、軍隊、そして難民まで含めると一五〇〇万人を超える人々が、六〇〇〇万人の住む台湾に殺到しました。台湾省主席に任命された蒋介石の腹心の将軍陳誠は、一九四九年五月一九日、すでに台湾全土に戒厳令を敷いていました。

それから一週間もたたないうちに新しい法律を布告し、政府を転覆しようとする者、暴動を起こす者、中華民国を外国に売りわたそうとした者などは死刑とするとしました。これらの法律の条文はきわめて抽象的だったので、あらゆる行動を取りしまることができました。こうして、一九五〇年代から一九八七年の戒厳令解除までに、二九〇〇〇件あまりの政治事件が発生し、一四万人以上の人たちが連行され、四〇〇〇人以上が処刑されたといいます。★

このようなかで、蒋介石は中華民国こそが唯一の正統政府であるとして、大陸で政権をとった共産党に対抗して「大陸反攻」を宣言しました。

当時、アメリカのトルーマン政権は、国民党の腐敗と無能を非難し、共産党による台湾解放は避けられないと見ていました。台湾でも「〇月には共産党が来る」とうわさされていたほどでした。

ところが、一九五〇年六月二五日に朝鮮戦争が起きると、形勢がいっきょに変わりました。北朝鮮軍が三八度線を越えると、それまで台湾問題に不介入の態度をとっていたトルーマン大統領は、方針を転換して、米軍の第七艦隊を台湾海峡に出動させました。共産党による台湾攻撃を阻止し、不沈空母としての台湾を戦略的に重視する政策に切り替えたのでした。

★ 後に総統となった李登輝も、当時共産党の同調者とされて、二〇年以上も政治警察に監視され、「われわれ七〇代の人間は夜にろくろく寝たことがなかった。子孫をそういう目には遭わせたくはない」と語っている。

Q2 台湾に逃れてきたのはどういう人たちだったのですか。

A 国民政府とともに、中国各地から共産党をきらうさまざまな人々が台湾に逃れてきました。北京語、上海語、福建語など各地の言語を話し、互いに意思の疎通もままならない人々でした。ほしいものがあれば銃で脅しとる兵士たちがいたこともあって、台湾人は新しくやってきた人々を、自分たちとはちがう人間と見るようになり、「外省人」と呼びました。

外省人は主に警察官・公務員・教員になりました。政府は、六〇万人の兵士を都市の空き地や軍駐屯地の近くに住宅を建てて住まわせ、生活を保障しました。

敗戦とともに、植民地時代の日本の企業や財産が接収されましたが、国民政府は、それを「国有」の名の下に自らの手中に入れました。一九四五年の調査によると、製造業四万社のうち国有企業の資本金は二四億元（五九パーセント）を占めていました。その後のアメリカの援助によって、一九六五年にはなんと一〇〇億元となり、民間企業の二・五倍にも達しています。

国民政府は一九五〇年に地方自治を導入し、国民党の政策に賛成する台湾人を議員に当選させていきました。そして、そうした議員のいる地域に重点的に資金を回していったのです。こうして台湾の財政、金融、生産、交通、

女子学生による双十節（建国記念日）パレード。カーキ色の軍事教練服を着て蔣介石の写真を掲げている。軍事教練は高校生の必修科目だった〈『図説台湾の歴史』平凡社より〉

運輸、分配にわたるまでを国民政府が握り、台湾の人々は苦しい生活を強いられました。

Q3 国民政府は圧政をしいたのですか。

A 台中第一中学の教員であった本省人[★1]の鄧錫増は、一九五〇年から読書会を開きながら国民政府の政治に不満をもつ人々を組織し、その不満をビラにして各所に貼りつけたりしました。

そうしたなか、中心メンバーの一人が急にいなくなり、その後鄧錫増をはじめ女性九人を含む六三人が行方不明となりました。家族が懸命に探しましたが、半年後に保安司令部[★2]にいる彼らから手紙が届いて、ようやく居場所がわかりました。

収監された彼らは、面会や外部との通信もいっさい許されず、さまざまな拷問も受けました。鄧錫増ら七人には死刑の判決が下され、再審もなく銃殺刑が執行されました。他の人にも無期懲役などの刑が下されましたが、口頭で判決が下され、誰一人として起訴状や判決書を受けとっていません。生き残った最後の一人が獄を出たのは一九八二年でした。なんと三二年も獄につながれていたことになります。

★1　蒋介石が台湾に逃れる前から台湾に住んでいた漢人をいう。

★2　後に警備総司令部に改編。無実の人々をつかまえ、拷問し、ときには殺すこともあった。

国民政府は、人々に監視を意識させることによって、自己規制する気持ちを起こさせようとしました。漢人ばかりか、先住民にもその矛先が向けられました。ツォウ人の首長で、呉鳳郷の郷長に任命されていたウオグ・ヤタウユガナは、一九五二年にタイヤル人の省議員ロシン・ワタンらとともに逮捕されました。二人は先住民の自治を主張していましたが、「共産党のスパイ」に仕立てあげられ、彼らを含む六人が反乱罪で処刑されました。

Q4 解放後の台湾では「国語」が強制されたというのは、ほんとうですか。

A 台湾人が日本語を話すこと自体を奴隷精神から出たものと考えていた国民政府は、一九四六年八月に新聞や雑誌から日本語を排除するよう命じました。

植民地時代、日本語は統治者の言葉だったので、生活を営む道具として使うと考える台湾人が多くいました。解放後も、近代的な知識などを得るパイプとして意識しました。とくに文学では、林亨泰（りんきょうたい）が日本の詩人大岡信（おおおかまこと）らの作品に学び、創作活動を展開していくなど、日本語の影響は大きかったのです。文学史家の陳培豊（ちんばいぼう）は、国民政府の政策の下で、台湾人はこんどは自発的に日本語を使用するようになり、皮肉なことに、かつて抵抗してきた統治者

タイヤル人の子どもたちが学校で休んでいる。外には「国語を話し、方言は話してはならない」という札が下がっている〈『台湾・戦後50年』時報文化出版より〉

の言語が「台湾人らしさ」の証しとなったと語っています。

一九五〇年代に入ると、国民政府は国語推進委員会をつくり、多くの台湾人が話すホーロー語を方言と定めました。五四年には国家公務員に「国語★」の使用が義務づけられ、五六年には「国語を話す運動」が繰り広げられて、政府機関や学校で方言を禁止し、「国語」使用が大々的に宣伝されました。

学校ではホーロー語や先住民の言語を使うと、「私は方言を話しました」という札をかけさせられました。日本がかつて沖縄や植民地の朝鮮で行った「方言札」をまねたかのようです。「国語」による授業ができない本省人の教師は、外省人の教師にとって代わられました。こうして本省人の児童は、母語のホーロー語や先住民の言葉を、「国語」に対して一段劣ったものと考えるようになっていきます。はげしい進学競争でもまた、「国語」の能力が結果を左右したのでした。少し後になりますが、一九六六年には、大学生の三四パーセントが外省人の子どもでした。外省人は全人口の一五パーセントしかいなかったのにです。

学校教育でも、蔣介石の偉大さがいたる所で強調されていました。『国語読本』には、あちこちに「生徒たちはみな蔣総統が偉大であると感じました」と書かれています。蔣介石は「国父」とされて紙幣にも印刷され、銅像が台湾各地に設置されました。そして、「極悪非道な共産党を消滅させ、塗炭の苦しみから同胞を救いだす」ことを、繰り返し子どもたちにたたきこんでいきました。

★ 北京語のこと。

ゴム跳びをする子どもたち〈『台湾・戦後50年』時報文化出版より〉

さらに読んでみよう

楊威理『ある台湾知識人の悲劇』(岩波同時代ライブラリー、一九九三)

13 農地改革と地方自治

国民政府とともに、一五〇万人もの人間が大陸からどっと押しよせたのだからたまりません。一年間に三〇〇〇倍以上物価が上昇したため、一九四九年六月、今までの四万台湾元(げん)を一新台湾元とするデノミネーション（通貨切り下げ）を国民政府は断行しました。そして、食糧を確保するために数度の農地改革が実施されました。

一新台湾元

Q1 農地改革はどのように行われたのですか。

A それまで地主が小作人から取っていた、収穫物のおよそ五〇パーセントの小作料が、一九四八年に三七・五パーセントに引き下げられました。そして一九五一年六月には、主に日本人から接収した農地を農民に払い下げました。さらに一九五三年一月には、地主から土地を政府が買い上げて耕作している小作人に払い下げるという、画期的な政策が実施されました。保留分を除いて一六万六〇〇〇戸の地主（地主総戸数の約五九パーセント）の

小作地一四万三〇〇〇甲[★1]余りが政府に買い上げられ、一九万六〇〇〇戸の農家に売却されました。[★2]

これらの改革は、農民に歓迎されました。「今日になってようやく光復[★3]のありがたみが味わえた」という農民の言葉がこれを物語っています。この農地改革は、国民政府への支持を拡大させ、経済再建に大きく貢献しました。農民が土地代金として支払った現物の米などが大量に政府に納められ、国民党をはじめ大陸から渡ってきた一五〇万人を超える役人・軍人やその家族などの食糧を確保できたため、彼らの支持も取りつけることができました。

この政策には台湾の地主たちは当然反対でした。しかし、二・二八事件（→八〇ページ）以後、強力におし進められた強圧的な政治によって、徹底的に国民の意見が封じこめられていたため、表だって反対することはできませんでした。

Q2 農地改革の結果、台湾経済は安定したのですか。

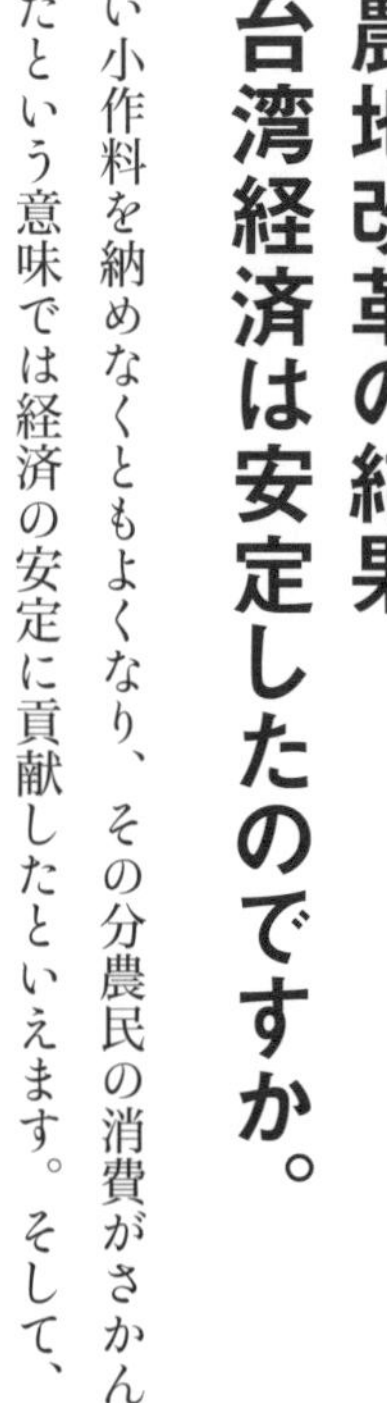

A 高い小作料を納めなくともよくなり、その分農民の消費がさかんになったという意味では経済の安定に貢献したといえます。そして、土地を政府に売って得た株券をもとに商工業に投資することによって、会社を経

★1 一甲は約〇・九七ヘクタール。
★2 一戸平均は〇・七甲。
★3 台湾が日本の植民地から中華民国に復帰したこと。

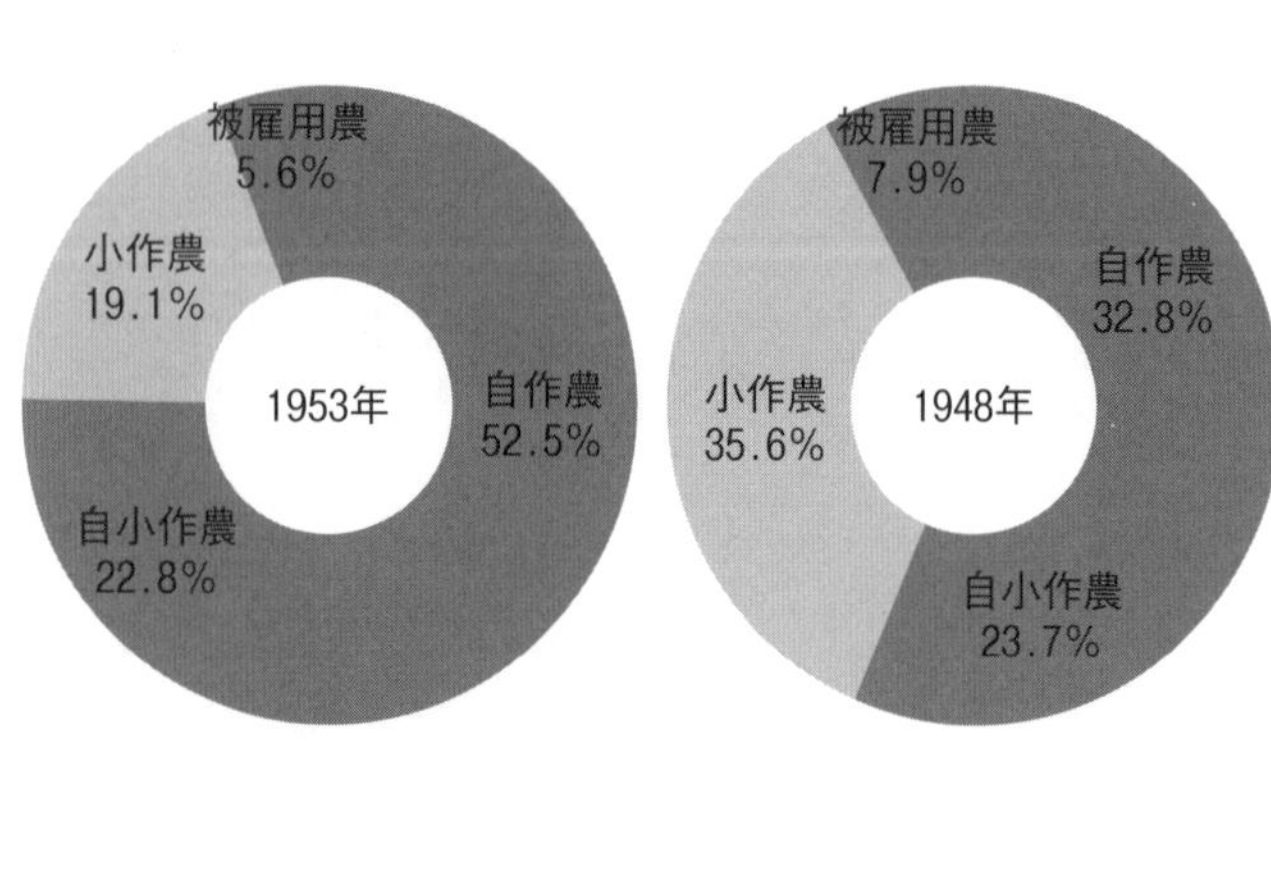

農地改革によって増えた自作農

営する企業家へ転身した人もいました。

台湾は一七世紀から砂糖の生産がさかんでした。国民政府は日本のいくつかの製糖会社を接収して、公営の台湾糖業公司をつくりました。台湾ではこの会社以外には製糖が許されませんでした。

台湾糖業公司は、製糖加工賃、運搬費などを差しひいたので、サトウキビ栽培農民が実際に手にするのは、製糖された砂糖の代金の四〇パーセントにすぎませんでした。その上、製品の統一管理と統一販売をするからとして、砂糖の二〇パーセントを国際価格より低い価格で強制的に買い上げました。この結果、台湾糖業公司は、一九五〇年代から六〇年代にかけて大量の砂糖製品を輸出し、当時の台湾の最大企業となりました。

Q3 台湾の人々には政治に参加する権利があったのですか。

A 国民政府の下では地方自治が認められ、地方議会にはたくさんの本省人が進出しました。ただし、省主席[★1]選挙の実現は一九九四年を待たなければなりませんでした。

また、国の政治は外省人が握っていました。地方では地元有力者が活躍できたとしても、国政には参加できなかったため、国政は外省人、地方は本省

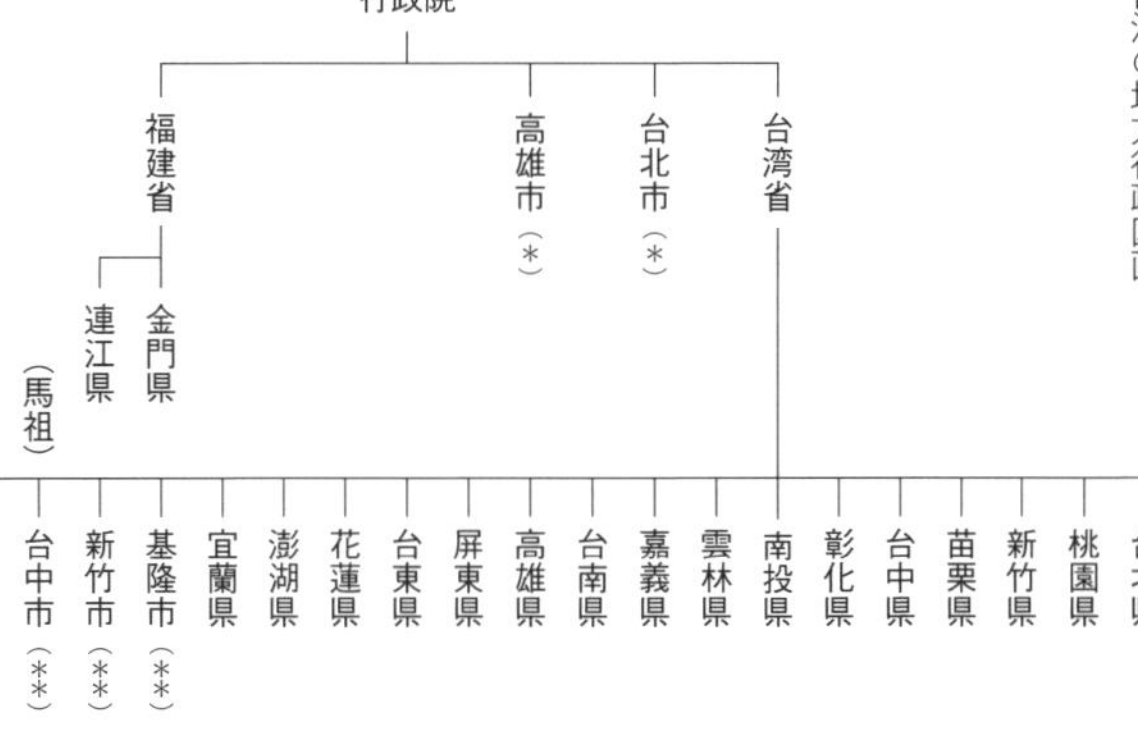

台湾の地方行政区画

この下に300以上の県轄市、鎮（町）、郷（村）がある。
（＊）台北市と高雄市は行政院直轄市。
（＊＊）基隆市・新竹市・台中市・嘉義市・台南市は台湾省の直轄市。

★1　省の代表。

人とはっきりと区別されていました。

また、中華民国は本来中国大陸の政府であるという建て前をとったため、現実と合わない組織も多くありました。それは、蒙蔵委員会にはっきりと現れています。「蒙」はモンゴル、「蔵」はチベットを表し、つまりモンゴルとチベットを管轄する機関です。モンゴルは一九二四年に独立し、当時はモンゴル人民共和国（現モンゴル国）といい、一九五六年には国際連合にも加盟しています。国際社会が認めている独立国家であるにもかかわらず、その地域に中華民国が主権をもっているとして、管轄する役所まで設けていたのです。★2

こうした不合理な国の体制もあり、公務員の数が過剰に増えていきました。

★2　二〇〇二年に台湾はモンゴル国の実質的な独立を承認した。

Q4 澎湖諸島はどういう所ですか。

A 中国大陸から一五〇キロメートル、台湾本島から五〇キロメートルほど離れた大小九〇あまりの島々からなる澎湖諸島の中心は、澎湖県政府のある馬公市です。澎湖本島にあります。本島と、その北の白沙島、西の魚翁島が円形に連なり、天然の良港となっています。

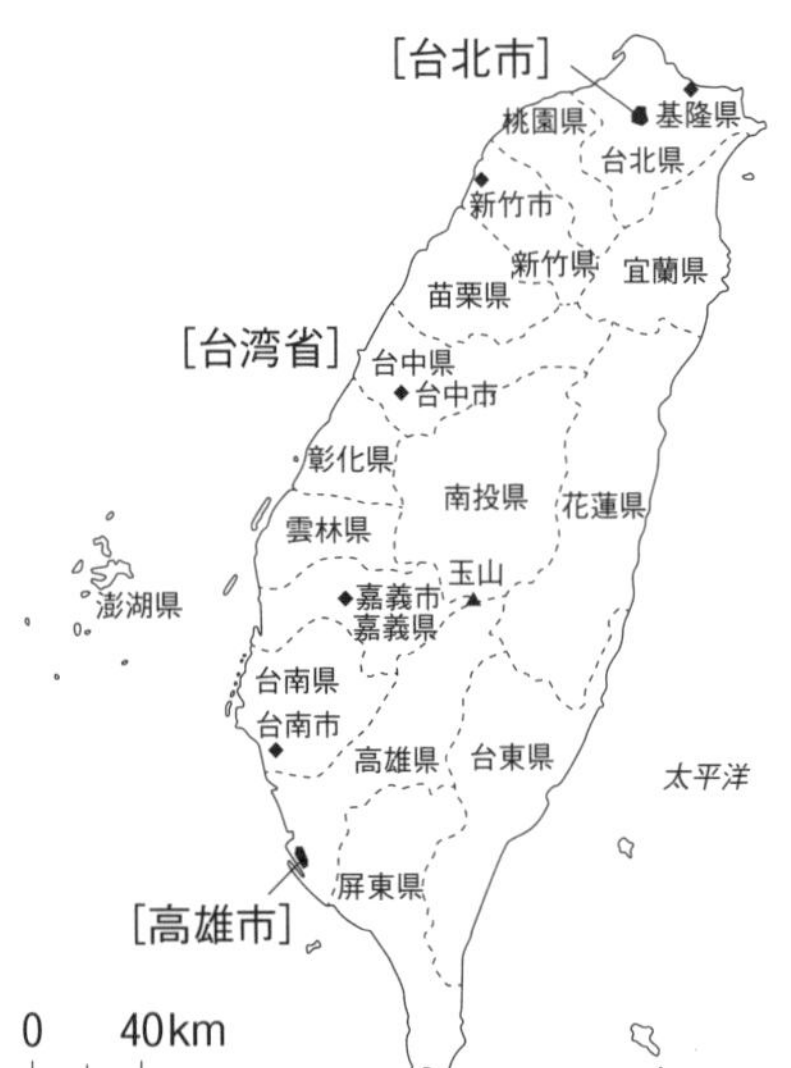

台湾の地方行政区画〈若林正丈『台湾』ちくま新書7頁の地図をもとに作図〉

自然条件はきびしく、一八〇五〜九四年の間に二八回の飢饉、一九回もの台風による甚大な被害を経験するほどでした。マラリアやコレラもしばしば発生しました。自給自足が不可能なため、早くから人々は島外に働きに出ていました。そのため島民の結束が固いと言われます。

一方、澎湖諸島は東アジアの海上交通の要地に位置していました。一九世紀初めには、廈門と澎湖を結んで年間多くのジャンク船★が行き来していました。そのため、島外への関心がとても強く、教育がさかんでした。

一九〇七年生まれの鄭景文は、日本の植民地時代に台北高等商業学校を卒業して澎湖庁の係長になりました。ところが改姓名（↓七四ページ）が始まると辞職します。国民政府下でも、いったんはその能力を買われて税務課長になりますが、外省人が幅をきかせるようになると辞めて、馬公第二信用合作社（信用組合）を設立しました。

朝鮮戦争が始まり、大陸に近い澎湖諸島が米中対立の最前線となったころ、島じゅうに「大陸反攻」というスローガンが張りめぐらされました。その後も台湾海峡をはさんで、金門・馬祖両島をめぐって国民党・共産党の両軍がはげしい砲撃戦を繰り広げ、馬公にはアメリカ第七艦隊の兵士たちが「台湾を守る」と言いながら闊歩していました。

そのころ、鄭景文は、店を拡大したい、新しい船を買いたいという島民に、信用合作社を通してさかんに融資をして経済基盤を固めていきました。国民党澎湖県議会議員となって、島の政治にも進出しました。そして、子どもた

★ 中国商人が利用した木造の帆船。船体が梁で区切られ、特に浅い海での航行に便利だった。

台湾から金門島などへ送られる救援物資（一九五八年）

ちをアメリカや日本に留学させて高等教育を受けさせました。とくにアメリカに渡った長男の鄭紹良(ていしょうりょう)は、NASAなどでコンピュータの専門家として活躍しながら、一九六〇年代には海外での台湾民主化運動に参加します。

一九七〇年代に入って、国民政府は鄭景文に長男を帰国させるよう強くうながしますが、景文はそれを拒み、信用合作社理事長を辞めさせられます。その後、一九九二年に帰国した鄭紹良は、国民党と対立する民進党の総統候補を応援することになります。

ここに見られるのは、海の向こうからやってきた権力者に、いったんは屈したように見せながらも、島に根ざしながら自分たちの要求を果敢に貫くために知恵を働かせていく澎湖出身の人々の姿なのです。

さらに読んでみよう

吉田勝次『自由の苦い味——台湾民主主義と市民のイニシアティブ』(日本評論社、二〇〇五)

パイナップル栽培と台湾・沖縄

地理的に近い沖縄と台湾にはさまざまな結びつきがあります。そのひとつがパイナップル栽培です。植民地時代に台湾人の子どもたちが使った『公学校国民読本』にもパイナップルの記述が登場します。台湾ではパイナップルはそれほどめずらしいものではありませんでした。

パイナップルを缶詰にする工場が乱立しているとして、台湾総督府は1935年にひとつに統合しました。そのためパイナップル缶詰を作れなくなった台湾人の一部が、石垣島でパイナップルの生産を始めました。戦争が激しくなると、多くの台湾人が台湾に戻りましたが、戦後再び石垣島に入植した人々もいました。

そのうちの１人、1952年に台北で生まれた台湾人の東金三（あずまきんぞう）さんは言います。

「パイナップルは、私が小学生のころ、ほんとうにすごかった。缶詰工場が８社ぐらいあって、農家は収穫して置いとけば工場から引き取りに来た。その後、ゆうパックで本土へ出すようにした。私は小さいときからずっと、日常生活が台湾生活。食べ物も台湾のものしか食べてない。子どもは、台湾語を聞き取れるけれど話さない。人間は一生の間にどこに行くかわからないって言ってるけど、なかなか話してくれない」（『石垣島で台湾を歩く』より）

また、1960年代には八重山諸島の工場に台湾人の熟練労働者が働きに来ました。その多くが女性労働者でした（写真）。地元の労働者が不慣れなことや、労働力不足もあって多くの労働者を必要としていました。「好奇心で琉球に働きにいった」と証言をする女工もいました。

このように人々の交流は、国境を越えて続いてきました。国単位で考えると、こういう事実が見えなくなることを示しています。

石垣島のパイナップル缶詰工場で働く台湾出身の女性たち（1969年、朝日新聞社提供）

さらに読んでみよう	国永美智子ほか編著『石垣島で台湾を歩く――もうひとつの沖縄ガイド』 沖縄タイムス社、2012年

毛沢東（左）と蒋介石

14 「国際社会の孤児」の経済発展

一九七一年の国際連合総会で、中国の代表権は中華民国（台湾）から中華人民共和国に移ったため、中華民国は国連を脱退しました。以後、台湾は国連の付属機関や万国郵便連合などの国際機関のメンバーの資格を次々に失っていきました。その結果、台湾は「国際社会の孤児」と呼ばれるようになりましたが、一方では経済発展をとげていきました。

Q1 台湾が国際連合を脱退したのはなぜですか。

A 第二次大戦後の一九四五年一〇月、国際連合が発足しました。そのときの常任理事国★はアメリカ、ソ連、イギリス、フランス、中国の五カ国でした。この中国はもちろん中華民国でした。

ところが、国共内戦に共産党が勝利して、一九四九年一〇月一日に北京で毛沢東が中華人民共和国の成立を宣言しました。敗れた蒋介石は南京・重

★ 常任理事国は、安全保障理事会において一国でも反対すれば提案が否決される拒否権を持っている。

慶・成都を転々とし、ついに台湾に逃れました。

その後、アメリカと中国の対立がきびしさを増していくと、アメリカは台湾を擁護し、多くの軍隊を台湾に駐留させました。国際連合の「中国」は中華人民共和国なのか、台湾の中華民国なのかという問題は議題にしないというやり方で、六〇年代までそのまま中華民国が中国の代表となっていました。

ところが、中華人民共和国と国交を結ぶ国がしだいに増え、総会で何度も議論されるようになると、アメリカなどは「重要事項指定方式」を主張しました。中華人民共和国の国連加盟は重要な事項だから、総会の三分の二以上の賛成が必要だとするものでした。

しかし、一九七一年秋の国連総会で、このアメリカの主張そのものがしりぞけられ、アルバニアなどの提出した中華民国追放案が過半数の賛成を得ることが確実となると、台湾の国民政府は自ら国連脱退を発表するしかありませんでした。

蔣介石と息子の蔣経国

Q2 アメリカと台湾は仲たがいをしたのですか。

A 当時、アメリカを中心とする西側（資本主義）諸国と、ソ連・中国（中華人民共和国）を中心とする東側（社会主義）諸国のあいだで冷戦と呼ばれる対立が深まりました。他方で、国づくりや革命のやり方をめぐって、社会主義国の中国とソ連もきびしく対立し、ウスリー川（黒竜江）の小さな島をめぐって中ソ両軍の武力衝突まで起きていました。アメリカは、この機に乗じて、中ソ両国の北ベトナムへの支援をやめさせることができれば、米軍をベトナムから引き揚げられると踏んでいたのです。★そのため、ニクソン大統領は就任演説の中で、ソ連と対立している中国との関係改善を希望すると述べ、やつぎばやに行動に移しました。たとえばアメリカ人の中国への渡航制限を緩和し、台湾海峡のパトロールの回数を極端に減らしました。

一九七一年七月にはキッシンジャー補佐官が、ひそかに中国を訪れて周恩来首相と会談し、翌年二月にはニクソン大統領が北京を訪問しました。そして毛沢東主席らと会い「すべての中国人が、中国は一つであり、台湾は中国の一部であると主張していることをアメリカは認識する」と発表したのです。

ただし、一九七九年にアメリカと中国が正式に国交を結んだとき、アメリカ国内では「台湾を諸外国の国家、または政府と同様に扱う」「台湾の市民の安全、社会や経済の制度を脅かすいかなる武力行使、または他の強制的な方式にも対抗できる防衛力を維持し、適切な行動をとらなければならない」とする台湾関係法を定めています。そして、アメリカは台湾に武器を売却したりもしています。日本はアメリカに先んじて、田中角栄首相が一九七二年九月に訪中して国交を樹立し、台湾の国民政府と断交しました。こうして台湾は、一九七九年には二九カ国としか国交をもてず、国際的に孤立していき

★ 当時、三〇万人以上ものアメリカ軍がベトナムに投入されても勝利はおろか、戦争終結の見通しさえ立っていなかった。

毛沢東とニクソン大統領（一九七二年二月二九日）

ました。

このようなとき蒋介石は、台北市郊外の官邸から別荘に向かう道で交通事故にあって胸を強打し、急速に衰えていきました。さらに心臓発作を起こし、七カ月も昏睡状態にありました。特別医療チームが治療にあたり、二年間延命したものの、一九七五年四月五日に亡くなりました。八八歳でした。

この間、実質的に政治を行ってきたのは、長男の蒋経国でした。一九七二年には行政委員長（首相）となり、一九七八年に総統に選出されました。

蒋経国は、国際的な孤立の中で経済・文化・技術協力などだけでも関係を維持していこうと、外交政策を転換させました。たとえば、日本と台湾との間には交流協会（日本側）、亜東関係協会（台湾側）という非政府機関があり、貿易経済会議などを定期的に開いて貿易に関する交渉を行っています。

Q3 蒋経国はどのような政策をおし進めましたか。

A 蒋経国は一九七三年から「十大建設」★1と呼ばれる、重工業重視の六カ年計画をおし進めました。南部の高雄地区に石油化学工業地帯が建設されて、一九八〇年代の輸出の基盤をつくりました。そして、日本やアメリカとの経済的関係を深めていきました。

蒋介石の死後、台湾は一カ月喪に服した

★1 ①桃園国際空港の建設、②北回り鉄道の建設（新城―田埔間八二・三キロメートル）、③西部縦貫鉄道の電化（基隆―高雄間四九五キロメートル）、④台中港の建設、⑤蘇澳港の拡張、⑥原子力発電所を含む一六カ所の発電所の建設、⑦南北高速道路の建設（基隆―鳳山間三七三・四キロメートル）、⑧造船業の推進、⑨鉄工業の推進、⑩石油化学工業の推進の一〇項目が、総額五八億ドルの投資を得て実行に移されていった。

このため、一九七三年の石油ショック★2の影響で一九七四年は経済成長率が一・一%に落ちこんだものの、その後もち直し、一九七五年から一九七九年にかけて平均八・四%の高成長を記録しました。

日本からの観光客は、それまで台北市東部の松山(しょうざん)空港に降り立っていましたが、一九七九年からは台北から約一時間ほどの距離にある桃園(とうえん)国際空港に変わりました。この空港には三三〇〇メートル以上の滑走路が二本あり、一度にたくさんの人や荷物を運べる大型ジェット機の離着陸ができるようになりました。

★2　一九七三年一〇月六日に第四次中東戦争が勃発すると、一〇月一六日に、石油輸出国機構に加盟するペルシア湾岸の産油六カ国が原油公示価格を一バレル三・〇一ドルから五・一二ドルへ七〇%引き上げることを発表した。そして、アラブ石油輸出国機構は原油生産の段階的削減を決定し、一〇月二〇日以降、イスラエルが占領地から撤退するまでイスラエル支持国（アメリカやオランダなど）への石油禁輸を決定した。さらに、一九七四年一月には原油価格が五・一二ドルから一一・六五ドルへ引き上げられたため、石油に依存していた多くの国々で経済が低迷した。

Q4 国会議員はどのようにして選ばれましたか。

A 一九四七年の中華民国憲法では、議会である立法院の上に最高決定機関である国民大会という組織が設けられていました。翌年開かれた第一回国民大会では、蒋介石を総統に選出し、同時に国共内戦にともなって事実上憲法を停止させました。そのため、大陸から移った第一回国民大会の代表は、改選を行うことが不可能となったとして無期限にその任期が延長され、「万年国民大会代表」と言われるようになりました。

蒋介石の時代には、地方は本省人、中央政府は外省人というように区別されていました。しかし、「大陸反攻」が実際には困難であることを考えると、本省人が政治に参加するという要求をこばみ続けることはできませんでした。

そこで、一九六九年に法律を一部変えて、欠員補欠選挙を実施しました。その結果、国民大会代表一五名、立法委員五一名が選ばれました。しかし政治参加を求める勢力はこれだけでは満足せず、一九七二年一月、『大学雑誌』で、陳少廷（ちんしょうてい）ら若手の学者や政治評論家が国民大会などの全面改選を主張し、社会に衝撃をあたえました。二〇年以上にわたって台湾を統治してきた国民政府を批判するものだったからです。

この動きに対して政府は、今までとはちがった対応をとりました。蔣経国は若手の学者や学生のリーダーらと面会し、「青年はもっと議論し、国家の大事に関心をもってほしい」と、いったんは彼らの行動を容認する姿勢を示したのでした。ところが、彼らの主張が国民の間に広がりはじめると、今度は「民主主義は手段であって目的ではない」と述べ、欠員補欠選挙を実施するにとどめました。

それでも、欠員補欠という名目で台湾全土で定期的に選挙が実施されるようになりました。これは、台湾人の総意を反映する、一種の総選挙を意味しました。一方、非改選議員はそのまま「万年議員」の地位を確保していましたから、選挙でどのような人が選ばれようとも、国民党の地位や政策を左右することはありませんでした。

国民党と無党派（民進党）の議席数の変化

実施年　選挙の種別（1972以降は増加定員選挙）	国民党議席数（得票率%）	*無党派議席数（得票率%）	補充定員／増加定員（総統指名の海外華僑枠）
1969　立法院補充選挙	8(76.0)	3(24.0)	11
1969　国民大会補充選挙	15(79.7)	0(20.3)	15
1972　立法院選挙	22(70.2)	6(29.8)	28(15)
1972　国民大会選挙	27(72.0)	9(28.0)	36
1975　立法院選挙	23(78.7)	6(21.3)	29(15)
1980　立法院選挙	41(72.1)	11(27.9)	70(27)
1980　国民大会選挙	40(66.4)	11(33.6)	76
1983　立法院選挙	44(70.7)	3(29.3)	71(27)
1986　立法院選挙	59(66.3)	12(24.9)	73(27)
1986　国民大会選挙	68(60.2)	11(22.2)	84
1989　立法院選挙	72(63.0)	21(27.3)	101(29)

＊1986年以降は民進党

〈若林正丈『台湾』ちくま新書より〉

さらに読んでみよう

若林正丈『台湾――変容し躊躇するアイデンティティー』（ちくま新書、二〇〇一）

『美麗島』創刊号（1978年８月）

15 台湾民主化の転機となった美麗島事件

一九七八年一二月一五日、アメリカと中国は国交を結ぶことを発表しました。その翌日、中国軍はそれまで続けてきた金門島・馬祖島への砲撃を停止しました。さらに中国共産党は、台湾が「祖国の懐にもどり統一の大業を実現する展望が開けた」として、平和統一路線を打ち出しました。アメリカと中国の関係の変化は、台湾の政治を大きく変えるきっかけとなりました。

Q1 台湾に国民党以外の政党はなかったのですか。

A ありませんでした。台湾では一九四九年に出された戒厳令が続いていましたから、国民党以外の政党は事実上認められていませんでした。

そのため、台湾社会の変革を求める人たちは、誰でもいったんは国民党員となったものの、政治には参加せずにいました。この人たちのなかから、国民党の支配そのものが台湾の変革を押しとどめていることを理解し、国民党から離れて独自の政治勢力をつくろうとする人々が現れました。このような政治勢力を「党外(とうがい)」と呼びました。この場合の「党」とは国民党をさします。

こうした「党外」の人物が開いた政見発表会には、多くの人々がひしめき合ったといいます。たとえば、立法議員に立候補した康寧祥(こうねいしょう)は、誰にでもわかりやすいホーロー語で演説し、台湾人意識を強くかき立てました。それまでの政治家たちは「国語」、つまり北京語で演説するのが常だったからです。さらに彼は、民衆に向かって、一九二〇～三〇年代の反植民地運動についても語りかけました。先輩たちの運動を語ることによって、自分たちがめざすものが台湾の歴史にもとづいていることを訴えたのです。

こうして「党外」の運動は、ひたひたと人々の間に広がっていきました。一九七七年の地方選挙では、市長・県知事二四人のうち四人が、そして省議会議員の四分の一を超える二一人が「党外」の人物によって占められ、新しい勢力が地方政治に進出したことが誰の目にも明らかになりました。

この結果を受けて、「党外」の人々は地方政治だけでなく、中央政治にも影響を及ぼそうと考え、統一した方針を発表しました。戒厳令を解除する、省籍★や言語による差別をやめる、労働者の団体交渉権を認める、政治犯の釈放などを要求するこの方針は、「党外」候補者の共通の政見となっていきました。

康寧祥

★ 外省人、本省人の区別をいう。

美麗島事件とはどういう事件ですか。

A 一九七九年に雑誌『美麗島』[★1]が創刊されます。発行人は黄信介、社長に許信良、代表に施明徳、執筆陣に林義雄など「党外」の著名な人々が集まりました。

創刊号には黄信介の発刊の辞が載りました。「自らの進むべき道と命運を握ることは、もはや政権や御用文人の権利ではなく、われわれ全人民大衆の権利である」として人々をはげましました。黄は、台北市の豊かな商人の家に生まれ国民党員になりましたが、一九六九年に行われた立法委員選挙[★2]で、台北市から無所属で当選し、国民党の政策をまっこうから批判した人物でした。

「民主万歳」など、当局にとってはにがにがしい記事が満載された『美麗島』は一〇万部以上が売れました。美麗島社は全島に支社をつくって雑誌を普及し、「読者の夕べ」などを企画しては、大衆集会を開催していきました。

彼らは、高雄市内で一二月一〇日の世界人権デーに合わせて祝賀パレードをし、その後、講演会を開く計画をたてました。すると当日、集会会場の公園が憲兵隊と軍によって封鎖されました。それでも数万の群衆が集まり、口々に「戒厳令を解除せよ」「政治犯を釈放せよ」と叫びました。そのとき、

★1　イラ（島）・フォルモサ（美しい）の漢字表記が「美麗島」である。この雑誌は民主主義を求める人々の意見を載せた。

★2　日本の国会議員にあたる。

美麗島事件で武装した軍と対決した民衆
〈伊藤潔『台湾』中公新書より〉

突然白い光が走り、霧状の煙と強烈な刺激臭があたりを覆いました。催涙弾が発射されたのです。デモ隊からは、「台湾人の軍人は台湾人をなぐるな」という呼びかけが続きました。軍とデモ隊の衝突がおさまったのは午前零時を回ってからでした。これを美麗島事件といいます。

翌日、政府は美麗島グループを暴徒と決めつけ、いっせいに「党外」の人々を逮捕していきました。施明徳、黄信介、林義雄、姚嘉文ら八人が起訴されて、軍事法廷で裁かれることになりました。★3 起訴状によると、この八人は台湾を独立させようと雑誌『美麗島』を発刊し、一二月一〇日に暴動を起こして政府を転覆しようとした、とあります。

黄信介に対する起訴状には、彼は日本からウナギの稚魚を中国に輸出して反乱活動の資金を蓄え、統一後は台湾自治区政府主席になる密約を中国共産党と交わしていたという、荒唐無稽な容疑が並べられていました。逮捕・投獄するための口実としか考えられない内容でした。

Q3 美麗島事件の裁判はどうなりましたか。

A 年が明けると風向きが変わります。この裁判が公開されたのでした。内外の記者の取材も、被告の家族の傍聴も許されるなど、これまでの

★3 戒厳令下では民間人も軍事法廷で裁かれた。許信良は、旅行でアメリカに滞在中だったので逮捕を免れたが、帰国禁止処分を受けたためアメリカで活動を続けた。一九八九年、許信良は密かに台湾に帰国し、逮捕・起訴され懲役一〇年の実刑判決を受けた。しかし一年後に特赦によって出獄し、一九九一年には民進党主席に選出された。

裁判では考えられなかったことでした。

この事件ではアメリカが動きました。断交後に大使館に代わって設けられたアメリカ在台協会の職員が逮捕者の家族と面会し、エドワード・ケネディ★上院議員は、事件が公正に裁かれるよう要求するという発言を繰り返し表明しました。在米台湾人も活発に活動しました。

裁判で被告たちは、民主主義と郷土愛にもとづき、台湾のおかれた国際的環境悪化を憂える気持ちによる行動であることを切々と訴えました。中華人民共和国を倒して再び国民政府が大陸に復帰するという「大陸反攻」がばかげた神話であること、民主主義の必要性、そして台湾人の政治的自決権にまでふれる彼らの弁が、テレビや新聞を通して多くの人々に伝えられました。

裁判直前の一九八〇年二月二八日には、林義雄被告の留守宅が暴漢に襲われました。八〇歳になる林の母親と二人の娘が殺され、もう一人の娘が重傷を負ったのでした。重大政治犯として裁かれようとしている林の家は、特務機関の監視下にありましたから、彼らの目をかいくぐって犯行に及ぶことができる人物はかぎられています。逃走した犯人はいまだに捕まっていません。

結局、被告人たち八人には無期懲役から懲役一二年の刑が言いわたされ、美麗島グループの力は弱まりました。

★ アメリカの政治家。ジョン・F・ケネディ大統領の弟で、一九八〇年の大統領選挙に出馬しようとしていた。民主党予備選挙でジミー・カーターに敗れ、出馬できなかった。

事件前の林義雄の家族。真ん中の長女だけが一命をとりとめた〈『図説台湾の歴史』平凡社より〉

Q4 民主進歩党（民進党）はどのように結成されたのですか。

A 美麗島事件で大きな打撃を受けた「党外」勢力でしたが、その主張は台湾社会にしっかりと根づいていたことが、しだいに明らかになっていきました。

一九八〇年末に行われた立法委員と国民大会代表選挙は、圧倒的な国民党の勝利と思われていました。この選挙には、美麗島事件の被告たちの家族が必死の思いで立候補しました。被告の一人姚嘉文の妻周清玉（しゅうせいぎょく）は、「姚嘉文の妻」と書いたたすきをかけて選挙活動を繰り広げ、国民大会代表に当選しました。美麗島事件の受刑者釈放と林義雄一家惨殺の徹底捜査を訴えた候補も当選するなど、事件の関係者は全員が当選しました。このため「党外」勢力は七〇人の定員のうち一三の議席を得ました。

また「党外」と宗教界との結びつきも深くなっていきました。美麗島事件では首謀者をかくまったとして、キリスト教の牧師たちが懲役刑を宣告されました。そのうちの一人は後にこう語っています。

「私が今（逃げてきた）彼を助けたら、教会全体が迫害されるだろう。だが彼は捕まればきっと銃殺だ。人権と民主のために奮闘しているこのような人物を失ったら、台湾の前途はまっ暗だ。だったら助けないわけにはいかな

右端が周清玉（一九八七年）

い」

こうして、台湾の民主主義を求める声は、「党外」を一つの政治勢力へと結集させる原動力となっていきました。いくつかの選挙を経て、「党外」の支持率は三〇パーセントを上回るようになりました。

一九八六年九月二八日に、「党外」の公認候補推薦大会が台北市内のホテルで開かれ、この席で民主進歩党の結成が宣言されました。法律上は認められない政党の結成ですから、みな投獄を覚悟しての宣言でした。

しかし翌日、蔣経国(しょうけいこく)は党・政府の幹部を集めて、民主進歩党の結成は不法だが処罰はしないという方針を伝えました。そして、いかなる政党も中華民国憲法を遵守(じゅんしゅ)する、反共国策を支持する、大陸反攻の放棄を意味する「台湾独立」は認めない、の三条件を守らなければならないとしました。

この七カ月前、台湾の南隣りのフィリピンで独裁者マルコスを倒す革命が起き、アキノ政権が誕生しました。アメリカのレーガン政権は、すぐにこの新政権を認めています。この事件は蔣経国に、今までのやり方では台湾を支配していくことはできないと決意させたきっかけとなったのでした。

民進党の結成

さらに読んでみよう

藤目ゆき監修『憤れる白い鳩　二〇世紀台湾を生きて——六人の女性のオーラルヒストリー』（明石書店、二〇〇八）

李登輝の生家（三芝）

16 李登輝、総統となる

民主進歩党（民進党）の結成を事実上認めた蒋経国は、一九八七年七月一五日に戒厳令を解除しました。戒厳令が下されてから三九年がたっていました。新聞の発行も自由になり、中国への旅行も認められるようになりました。

このころ蒋経国の健康は悪化の一途をたどっていました。そして一九八八年一月一三日、大量に吐血して帰らぬ人となりました。七七歳でした。その後を継いだのが台湾生まれの李登輝です。

Q1 李登輝はどういう人ですか。

A 李登輝は一九二三年、台湾北部の台北州淡水郡（現・台北県淡水鎮）に生まれました。李家の祖先は福建省からの移民でした。曾祖父の代に茶の栽培などを手がけて財をなし、小さいながらも地主となりました。

李登輝が中学校に進学したその年、日本では二・二六事件が起き、台湾でも軍人が総督になり、戦時体制が強化されていきました。そしてアジア太平洋戦争が始まると、李登輝の兄の李登欽(りとうきん)は日本の陸軍に志願し、フィリピンで戦死しました。

一九四二年、李登輝は京都帝国大学農業経済学科に進学しました。そこで彼は台湾農業を研究していましたが、学徒出陣★1により一九四四年一月に入隊します。千葉の高射砲部隊に見習い士官として配属され、そこで日本の敗戦を迎えました。

戦後、国民政府下の台湾にもどり、二度のアメリカ留学を経て、農業の専門家としてアメリカの援助機関で働き、台湾大学で教授の地位も得ました。

しかし、大学生時代に非公認の読書会に参加したことから、要監視人物として政治警察からマークされ、蔣経国暗殺未遂事件にかかわったとして取り調べを受けました。恩師たちが必死に走り回って、事件とは無関係であることを明らかにしました。そのとき蔣経国は、農業政策を転換しようとして農業の専門家を求め、李登輝の監視をとかせました。そして、一九七一年に行政院長（首相）に就任すると、彼を政務委員としました。

美麗島(びれい)事件が起きるなど民主化を求める声が強まるなかで、蔣経国は、大陸出身にかぎらず台湾出身の政治家を大幅に登用していきました。なかでも李登輝は、台北市長に任命され、ついで一九八四年には副総統となりました。総統の蔣経国は、彼を後継者とは考えていなかったと思われますが、その蔣経国が亡くなると、党則に従って副総統の李登輝が総統になりました。

★1　一九四三年に日本政府は、それまで徴兵を猶予していた大学生らを在学途中で徴兵し、出征させた。兵力不足を補うためだった。

地方を回る李登輝（中央）

蔣介石夫人の宋美齢★2をはじめ、保守派の人たちは台湾出身の李登輝が国民党主席になることに強く反対しましたが、多くの党員が彼を支持し、一九八八年の国民党大会で正式に主席に選ばれました。

Q2 李登輝はどうしてそんなに支持されていたのですか。

A まず彼が蔣一家ではなく、台湾出身の政治家だったからです。少数派の外省人が実権を握ってきたことへの反発がありました。さらに、李登輝が民進党を正式に政党と認め、立法院や国民大会を刷新する大々的な改革をおし進めたからでもありました。

李登輝主席の下で、立法院、台湾省議会、台北・高雄市議会の議員選挙が一九八九年一二月、同時に行われました。複数政党による選挙運動は台湾の人々にとって初めてのことで、各地の演説会には大勢の人が詰めかけました。民進党は、立法院で得票率二八・三パーセント、二一議席を獲得しました。三大テレビ局がすべて国民党傘下にあったなかで、党員数一万数千の弱小政党が二四〇万人の党員をかかえる国民党に挑戦し、成果をあげたのでした。

しかし、このとき改選されたのは一〇一議席で、二五九議席中の四割にも満たなかったのです。

★2 蔣介石が亡くなると、政治基盤が弱まることを予想して台湾を去りアメリカに住居を移した。姉の宋慶齢は孫文の妻。

学生運動のシンボル「野百合」（一九九〇年三月）〈柳本通彦『台湾革命』集英社新書より〉

これに対して、最初に声を上げたのが大学生たちでした。数十名の学生が台北市内の中正祈念堂広場で座りこみを始めたのです。連日テレビや新聞で報道され、多数の市民が激励したり、寝袋や食糧を差しいれたりしました。しだいにその数は増え、二万人を超える人々が参加しました。

広場には「民主の壁」と書かれた壁新聞が貼りだされ、「万年議員」（↓一〇五ページ）の退職などを求めました。座りこんだ学生たちは、広場のあちこちで台湾の将来を語りあいました。このときのようすを取材していたある日本人ジャーナリストは、「若者が真剣に祖国の現状を憂え、その将来像を語りあう姿など、いささかの感動をもって見つめつづけた」と語っています。その後、李登輝が学生代表と会い、国政改革を約束すると、座りこみが解かれました。前年の六月四日に北京で起きた天安門事件★とはちがって、政府による鎮圧行動はとられませんでした。

李登輝はその後、やつぎばやに改革を進めました。一九九一年五月一日、国共内戦以来続いていた中国との戦争状態を終結することを宣言し、中国との関係改善に乗りだしました。そして、反乱罪やスパイ罪を廃止し、思想統制を行ってきた警備司令部も閉鎖されました。ついで、今まで一度も改選されてこなかった者も含めて国民大会代表の全面改選が行われ、三二五議席中、国民党が二五四議席、民進党が六六議席を占めました。

万年国会の解散を要求して座りこむ学生たち〈『台湾・戦後50年』時報文化出版より〉

★一九八九年四月の胡耀邦の死をきっかけとして、中国北京市の天安門広場に学生を中心とした一般市民が民主化を求めて集まっていた。これに対して中国人民解放軍が無差別発砲など武力で弾圧し、多数の死傷者が出た事件。

Q3 李登輝の改革に反対した人はいなかったのですか。

A もちろんいました。とくに外省人の若手グループは、国民党内で李登輝の改革に反旗を翻しました。そして、李登輝の改革への支持が広がっていくと、彼らは強い危機意識をもつようになりました。

一九九三年に李登輝は連戦を行政院長に指名し、立法院もそれに同意しました。連戦はれっきとした本省人で、前年の選挙によって立法院の八〇パーセントも本省人で占められていました。つまり、国民党選出議員の多数も外省人から本省人に変わっていたのでした。

非主流派に追いやられた国民党内の外省人グループは、ついに国民党を離党し「新党」という名前の政党を結成しました。その結党宣言では「腐敗・金権の国民党、暴力・省籍のちがいをあおる民進党」に代わる「庶民の政党」をうたいました。

一九九四年の台北市長選挙は、民進党の陳水扁と国民党の現職市長黄大洲の一騎打ちと見られていましたが、もう一人の候補、新党の若手リーダー趙少康が善戦しました。選挙事務所には手弁当のボランティア運動員が多く集まり、熱気を帯びていました。「中華民国を守れ」「李登輝は台湾独立を実行しようとしている」などと反李登輝キャンペーンを繰り広げました。

その結果、陳水扁が六二万票、趙少康が四二万票、黄大洲が三六万票を獲得し、民進党の陳水扁が台北市長に当選しました。台北市の人口の多数を占める本省人が台湾人意識を強く持ち、陳水扁に投票した結果だと言われています。

Q4 台湾の客家（ハッカ）や先住民にはどのような影響がありましたか。

A 李登輝の政治改革は、民主化であると同時に、台湾で多数を占める本省人の「台湾人としての誇りを持とう」という主張に沿ったものでもありました。また、それに刺激されて「外省人も誇りを持とう」という主張が新党の結成につながっていきました。

こうした動きは客家（↓一一四ページ）の人たちにも現れるようになりました。客家は、ホーロー系の人たちが「台湾人」「本省人」と言って民主化を主張するのを聞き、民主化は支持しながらも、自分たちはホーロー人とはちがうという意識を持つようになりました。一九八七年に客家権利促進会が結成され、「母語★を返せ」という運動が始まりました。「母語は人間の生まれながらの尊厳であり、貴賤（きせん）による分けへだてはなく、完全なる母語権を主張する目的は人間としての完全なる尊厳を守ることだ」と主張しました。

★ 幼少期から自然に習得する言語。

それを受けて、テレビでも一週間に三〇分程度でしたが、客家語の番組がつくられるようになりました。その後民進党は、小・中学校で母語教育を推進するなど、客家系の要求を実現する政策を掲げました。

また、先住民族は、経済差別とたたかいながら、自分たちが台湾にもともと住んでいた民族であることを強く意識するようになっていきました。一九八八年に台湾原住民族権利促進会を組織し、「先住民のいっさいの人権は尊重されなければならない」と宣言しました。それまで「山地同胞」などと呼ばれてさげすまれてきたことを、はっきりと拒否したのです。

さらに読んでみよう

柳本通彦『台湾革命——緊迫! 台湾海峡の二一世紀』(集英社新書、二〇〇〇)

韓国華僑と台湾

韓国ではチャジャン麺という、太麺に黒く甘い味付けのタレをからめた麺がよく食べられています。19世紀末に中国山東省の人々が朝鮮半島に移住したことから、中華料理のジャージャー麺が朝鮮に広まってチャジャン麺になったと言われます。

この移住は、はじめ単身の出稼ぎ者が多かったのですが、しだいに朝鮮に定着するようになり、朝鮮に「華僑（華人）社会」が生まれました。1920年代半ばには、大量の中国人労働者の流入もあって、朝鮮人労働者との競合関係も生まれました。

1945年の朝鮮の解放後の混乱のなかで、進駐した米軍に協力する華僑もいましたが、1948年に大韓民国が成立すると、翌年中華民国と韓国は国交を結びます。その年の6月、朝鮮戦争が始まり、韓国側として戦争に参加した韓国華僑もいました。

こうして、韓国華僑は、自らを中華民国国民と考える意識を強く持つようになりました。中国共産党や北朝鮮を敵視する「反共主義」が華僑と中華民国を結びつけたのでした。

ところが、1961年にクーデターで権力を握った韓国の朴正煕政権は、法律によって外国人の土地所有を認めなかったため、韓国華僑は持っていた土地を失うことになりました。ソウルにあったチャイナタウンも消滅しました。

アメリカが1979年に、韓国が1992年に中国と国交を結び、台湾（中華民国）との国交を断絶しても、韓国華僑の意識はそれほど揺るぎませんでした。中国国民党が台湾を統治していたからでした。

ところが、2000年の総選挙で民進党の陳水扁が総統に選出されると、韓国華僑の意識が大きく変わっていきました。台湾で民主化が進むと、「本土意識★」が強まり、韓国華僑の持っていた「中華民国観」とは異なった方向に台湾が進んでいると感じたからでした。そのため、中華民国ではなく山東省の出身者という意識を強く持つようになりました。

現在、韓国には2万4000人の華僑が暮らしています。

★　台湾独自の文化、国民性や主体性の重要性を強調する意識。

仁川にあるチャジャン麺発祥の食堂（共和春）

テレサ・テン（鄧麗君）が歌う「私の家は山の向こう」

1953年台湾生まれのテレサ・テン（本名鄧麗筠、麗君は芸名）は、小さいころから歌がうまく、ラジオののど自慢番組にも出演していました。14歳でレコードを発売し、東南アジアを中心に海外のステージにも立ちました。日本でも「愛人」「時の流れに身をまかせ」と次々にヒット曲を出し、NHK紅白歌合戦にも出場しました。

1980年9月にアメリカから帰国した鄧麗君は、まっさきに中国との国境の島、金門島を訪れました。そして「何日君再来」を兵士たちと合唱し、大陸に向かって「一緒に歌ってください」と呼びかけました。

中国でもこの歌は人気がありました。平和に過ごしたいという人々の感情を歌ったこの歌が中国国民の心に響いたといわれます。

すると中国共産党は、これほど親しまれていたこの歌を、革命精神を堕落（だらく）させる歌だとして禁止しました。しかし、人々は禁止歌だと知っていても平気で聴いていました。当時、香港で生活していた鄧麗君は、中国で100万人を集めてコンサートを開き、ごく普通の庶民に聞いてもらうという夢を持つようになりました。しかし、1989年6月4日の天安門事件はその夢を打ち砕きました。

その1週間前の5月27日、香港のハッピーヴァレー競馬場では、中国の民主化を支援するコンサートが開かれ、30万人の市民がつめかけました。

そこに鄧麗君も「民主万歳」と書いたハチマキをしめ、胸には「反対軍管」、背には「我愛民主」のゼッケンをつけて登場しました。私は民主主義を愛するという鄧麗君の強い意志が見てとれます。そして歌ったのが「我的家在山的那一辺」でした。

「私の家は山の向こう
張おじさんは喜びを失い
劉おじさんは笑顔をしまいこんだ
…
民主の火を燃やそうよ
私たちの育った所を忘れちゃいけない
それは山の向こう
山の向こうなの」（一部訳）

幼いころの鄧麗君と母

さらに読んでみよう

有田芳生『私の家は山の向こう――テレサ・テン十年目の真実』
文春文庫、2007年

17

総統となった「台湾の子」陳水扁

二〇〇〇年三月一八日は台湾の歴史を大きく変えた日となりました。一人ひとりの投票によって民進党の陳水扁候補を総統に選び、その結果、半世紀以上続いてきた国民党政権が倒れたからです。八二パーセントを超える投票率は総統選挙に対する関心の高さを表すとともに、新しい政治を求める気持ちの現れでもありました。同時に、陳水扁政権の前には、高齢化をどう解決するかというむずかしい問題が立ちはだかっていました。

陳水扁と夫人の呉淑珍（1994年）

Q1 陳水扁とはどんな人ですか。

A 彼は、国民からよく親しみをこめて「阿扁（アビエン）」（扁ちゃん）と呼ばれました。

台南県の農家の子である陳水扁は、一九五〇年生まれです。両親は小作人でしたが、借金をしても息子を学校に通わせたといいます。そのかいあって大学三年生で弁護士の試験に合格し、卒業後、海事法の専門弁護士として出発しました。後に結婚する呉淑珍（ごしゅくちん）とも出会いました。

彼の人生を大きく変えたのは、一九七九年に起きた美麗島（びれい）事件（↓一〇六ページ）でした。かつてその演説に感銘を受けた黄信介（こうしんかい）が、権力が捏造（ねつぞう）した事件によって裁かれようとしていることを聞いて弁護団に加わりました。「尊敬する人が、反乱行為をしたわけでもないのに死刑になるかもしれないんでしょう。この仕事を引き受けないのなら、弁護士なんていらないわ」という呉淑珍の言葉も彼を後押ししました。

陳水扁はこの事件の弁護を通して「党外」の運動への理解を深めていきます。そして、翌年の台北市議会議員の選挙に出馬し、当選しました。

陳水扁は五年間の議員生活の中で、市当局と黒いつながりのある業界の大物をしばしば追及しました。その陳水扁が選挙の応援のため台南を訪れたとき、一行めがけてトラックが突っこんできて、呉淑珍がその下敷きになりました。彼女は大手術の末、一命を取りとめたものの、車いすの生活となりました。犯人は逮捕され有罪となりましたが、いつのまにか釈放されていました。

その後、陳水扁は台北市長選に民進党から出馬し、当選します。それまで無愛想だった職員の態度がよくなったなど、市政が大きく変わりました。

陳水扁

Q2 総統になった陳水扁はどのような政策をおし進めたのですか。

A 二期目の市長選も当選確実だと思われた陳水扁でしたが、後に民進党から政権を奪回する国民党の馬英九(ばえいきゅう)に敗れました。そしてそれを機に、陳水扁は総統選挙に立候補しました。二〇〇〇年の総統選挙で立候補したのは、国民党の連戦(れんせん)、民進党の陳水扁、無所属の宋楚瑜(そうそゆ)★1でした。得票数は、それぞれ二九〇万票、五〇〇万票、四七〇万票でした。国民党の連戦候補は二位にもなれませんでした。陳水扁は、戒厳令以後本省人の家庭に生まれたので「台湾の子」と呼ばれました。

選挙中の支持率調査では三人ともほぼ横並びでしたが、選挙の最終場面で学界や経済界から陳水扁を支持する声明が出されたことが勝利をもたらしたと言われます。台湾唯一のノーベル賞受賞者李遠哲(りえんてつ)★2、航空・海運業界トップのエバーグリーン・グループ総裁張栄発(ちょうえいはつ)など、そうそうたる人々が投票日当日の新聞広告で、陳水扁への投票を呼びかけたのです。

新政権が発足し、台湾で「黒金問題」と呼ぶ、政治腐敗や金権政治をなくそうという取り組みが積極的に行われました。二〇〇三年までに一万人以上が起訴され、そのうち政治家が四五〇名を超えました。選挙違反もきびしく取りしまられました。

★1 国民党の実力者だったが総統候補になれず無所属で立候補した。選挙後は親民党を結成した。

★2 1986年にノーベル化学賞を受賞。

国民党が「党営事業」で得た利益を、選挙での買収資金に使っていたことも明らかになりました。「党営事業」とは国民党が経営する企業のことで、蒋介石の時代につくられ、李登輝の時代に飛躍的に発展しました。建設業、金融サービス業やハイテク産業にも手を広げた結果、二〇〇〇年には党の資産総額が六〇〇〇億元（およそ二兆円）にもなりました。ずっと続いてきた政権党が経営する企業ですから、人脈においても資金においても圧倒的に有利なため、ばく大な利益を上げていました。一方で、国民党と企業が癒着し、自由な競争は行われにくくなりました。そのため、企業と癒着していない民進党に改革への期待が高まっていました。

　人々の期待を背に、陳水扁政権は何度も「政党が不当に得た資産を国庫に返還させる」法律をつくろうとしました。しかし、この政党とは国民党をさすことは明らかでしたし、立法院では国民党が多数を占めていましたから、この法律は日の目を見ませんでした。

Q3 台湾でも高齢化が進んでいるのですか。

A この二〇年で台湾の高齢化が急速に進みました。二〇〇六年に一〇パーセントを超えた六五歳以上の人口が、二〇二五年には二〇パーセン

新総統に当選して演説をする陳水扁。右隣が副総統の呂秀蓮、車いすに乗る呉淑珍〈『台湾革命』集英社新書より〉

トを超えると予測されています。[★1] ちなみに、国際連合の統計では、六五歳以上の人々が全人口の七パーセントを超えた社会を「高齢化社会」と呼びます。台湾では、高齢化に対応して、長年にわたって少しずつ年金制度[★2]がつくられてきました。

蔣介石や蔣経国の時代には、福祉制度に政府が積極的に取り組むことはありませんでした。人々を政府に依存させ、なまけさせると考えたからです。ただし例外として、外省人である政府の役人、軍人、教師たちなどには手厚く手当を支給しました。

その後、民進党が地方で勢力を拡大しながら、高齢者への年金制度の確立を要求するようになりました。李登輝政権はそうした力に押されて、年金制度を創設しようとしましたが、一九九九年九月に起きた台湾中部大地震[★3]や政権交替によって延期されました。

陳水扁政権は二〇〇八年にようやく国民年金法を成立させました。政権交替の時期が台湾経済の発展にストップがかかった時期と重なったため、予定よりもずっと遅れたのです。二〇〇一年に台湾は初めてマイナス成長（GDPマイナス一・九パーセント）を経験しました。それまでの五年間の年平均成長率が五・七パーセントだったことを考えれば、その衝撃の大きさがわかります。さらに、経済の国際化にともなって多くの企業が海外に移っていき、その結果、失業率も上がり始めたため、陳水扁政権も経済優先の方針を掲げざるをえませんでした。

★1　日本の六五歳以上の人口は二八パーセント（二〇二〇年現在）。

★2　国が社会保障の観点から個人に一定額を給付する制度。

★3　台湾時間一九九九年九月二一日一時四七分（日本時間九月二一日二時四七分）に、台湾中部の南投県集集鎮を震源として発生したマグニチュード七・三の地震。この地震で二〇〇〇人以上の死者、一万一〇〇〇人以上の負傷者を出した。

台湾中部大地震で寸断された道路〈CC by Asiir〉

二〇〇八年に開始した国民年金制度によって、年金を受けとれる人々は増えましたが、政府の支出する保険料補助が増大して、将来この制度が続けられないと警告する学者もいます。

Q4 国民党の馬英九はなぜ総統になれたのですか。

A 陳水扁は二〇〇四年の総統選挙でも勝利しました。国民党の連戦との一騎打ちで、わずか二万票余り、得票率〇・二パーセントの差で再選されましたが、立法院ではあいかわらず少数与党でした。

二〇〇五年八月に高雄市でタイ人労働者が、賃金の未払いや労働環境の改善を求めて抗議したところ、聞き入れられず暴動が起きました。この事件がその後、思わぬ方向に発展します。タイ人労働者をやとっていた会社と深い関係にあった陳水扁総統の側近らが、賄賂を受けとったとして起訴されたのです。そして、夫人の呉淑珍も公金を着服したとして起訴されました。

地方でも、政権党になった民進党と有力者の結びつきが強まり、金の流れも不透明になっていきました。このように、「党外」の時代から世の中の不正をただしてきた政党と思われていた民進党が、金権にまみれていたことは人々を失望させました。

馬英九

一方、民進党の一三倍にも達する四八億元（およそ一五八億円）の豊かな収入のあった国民党では、寄付という形で一部の資産が国へ返還され、党営企業も党から切りはなされました。また、党員の直接選挙で党主席を選ぶ方式に変えたことで、馬英九という新しい人材を登場させることができました。

二〇〇八年の総統選挙で馬英九は、中国との関係では現状維持、つまり事実として独立しているのだから、その立場で中国とつきあっていけばよいという方針を掲げました。民進党はこの中台関係をめぐって党内で意見の対立があり、うまくまとまりませんでした。

こうして二〇〇八年の総統選挙を迎え、馬英九は七六〇万票、得票率五八・五パーセントを得て当選。中華民国の総統選挙史上最高の得票率でした。政権交替後、陳水扁前総統は機密費の不正流用、工業用団地の土地売買をめぐる収賄などで起訴され、台湾社会に大きな衝撃を与えました。

Q5 ひまわり学生運動とは何ですか。

A 台北市にある立法院におよそ三〇〇人の学生グループがなだれ込み、議場を占拠した抗議運動です。二〇一四年三月一八日のことでした。中国との間で協議されていた中台サービス貿易協定批准★の審議を馬英九政

議場を占拠したひまわり学生運動の学生たち

〈CC by Jesse Steele〉

★ 中国は台湾に対して金融や旅行、運輸、通信、病院経営など八〇項目の市場を開放し、台湾は中国に保険、銀行、運輸、通信、病院経営、印刷業など六四項目を開放する、という合意。二〇一三年六月二一日に両岸代表が上海で調印した。

権が打ち切ったことが、議場占拠のきっかけとなりました。

背景には、中国の経済力の台頭とともに、中台の経済や貿易の緊密化が進んでいたことがありました。中国のＧＤＰは日本を超えて世界第二位となり（二〇一〇年）、台湾にとっても最大の輸出市場でした。中国への輸出は輸出総額の二四・四パーセント（二〇〇〇年）から三九・七パーセント（二〇一四年）になりました。一方、中国の対台湾輸出は輸出総額の二パーセント（二〇一三年）にすぎません。このように、台湾の中国依存度がしだいに高まっていたなかで、中台サービス貿易協定が導入されようとしたことに学生は危機感をつのらせたのです。さらに中国企業によるケーブルテレビ運営会社の買収問題が発覚したり、報道各社が中国寄りの立場をとり、台湾のメディアを通じて中国政府の宣伝をしているという批判も強まりました。

野党・民進党の反対もありましたが、協定の細部になると国民にその内容を明らかにしない「密室協議」への反発も深まっていきました。

学生たちのみならず、サービス協定に反対する市民たち、そして馬英九政権に反発していた立法院長・王金平（おうきんぺい）の存在も無視できません。議場を占拠した学生たちを支援し、立法院をとりかこんでいたのは、かつての「野百合運動（→一一五ページ）に参加した人々やタクシー運転手など普通の人々でした。彼らは、飲み物や弁当を学生たちに差しいれたり、ゴミのしまつ、あるいは心理カウンセリングを買って出た人もいました。

結局、サービス協定は批准されませんでした。

立法院をとりかこんだ人々

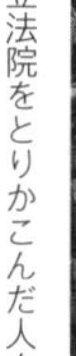
さらに読んでみよう

陳水扁『台湾之子』（毎日新聞社、二〇〇〇）

蔡英文

18 両岸関係と蔡英文

二〇一六年五月二〇日に蔡英文が第一四代中華民国総統に就任しました。台湾で最初の女性総統です。女性がリーダーになることを阻む「ガラスの天井」を打ち砕き、それも政治家の家系ではなく専門家から最高指導者になったのです。

「空心蔡」（「内容のない蔡」。野菜の空心菜と発音が同じ）と皮肉られながらも、地道に人々を説得する蔡英文は、しだいに民衆の心をつかんでいきました。コロナ禍の下での二〇二〇年の総統選挙でも圧勝しましたが、二〇二二年一一月に行われた統一地方選挙では与党の民進党が大敗し、蔡英文は民進党主席を辞任しました。

Q1 台湾の歴史上最初の女性総統となった蔡英文とはどういう人ですか。

A 一九五六年生まれの蔡英文の祖父は客家の旧家で、祖母はパイワン人の末裔です。父親は、アジア太平洋戦争中に一時「満州」に渡りますが、日本の敗戦とともに台湾に戻り、その後一代で富を築きました。

その父の勧めもあって法学を学んだ英文は、台湾大学を卒業したのち、アメリカやイギリスの大学院で学び法学博士となります。帰国後はいくつかの大学で教えていました。

そして、中国との関係（両岸関係）の方針を検討する大陸委員会の委員となり、とくに李登輝総統の時代に中台関係の調整に深くかかわりました。二〇〇四年に民進党に入党し、立法委員（議員）となり、行政院副院長（副首相）を務めるなど、経済や外交の専門家として活躍していました。

ところが、二〇〇八年の総統選挙では、汚職腐敗の泥沼の中で民進党が大敗を喫し、解党の危機に陥りました。その直後に蔡英文は党主席を買って出ました。そして、国民に謝罪をしながら「党は陳水扁に関する疑惑を隠蔽することはない」と断言しました。そのこともあって地方選挙ではやや支持を回復したものの、二〇一二年の総統選挙では国民党の馬英九に敗れます。

このころ、民進党は二億元（およそ七億円）を超える借金を抱えていました。そこで蔡英文は、民衆から少額の献金を募ることを提案しました。少額の献金を受けることは、同時に潜在的な支持者を探し出し、接触し、理解することにつながると考えたからでした。あるとき政治資金パーティーが終了し、蔡英文が外に出ると、中年の男性が雨に濡れた二千元札を彼女の手の中にねじ込んで去っていきました。彼はその献金を手渡すために雨の中でパーティーが終わるのをずっと待っていたというのです。

こうして二〇一六年の総統選挙が始まりました。有権者一九〇〇万人、投

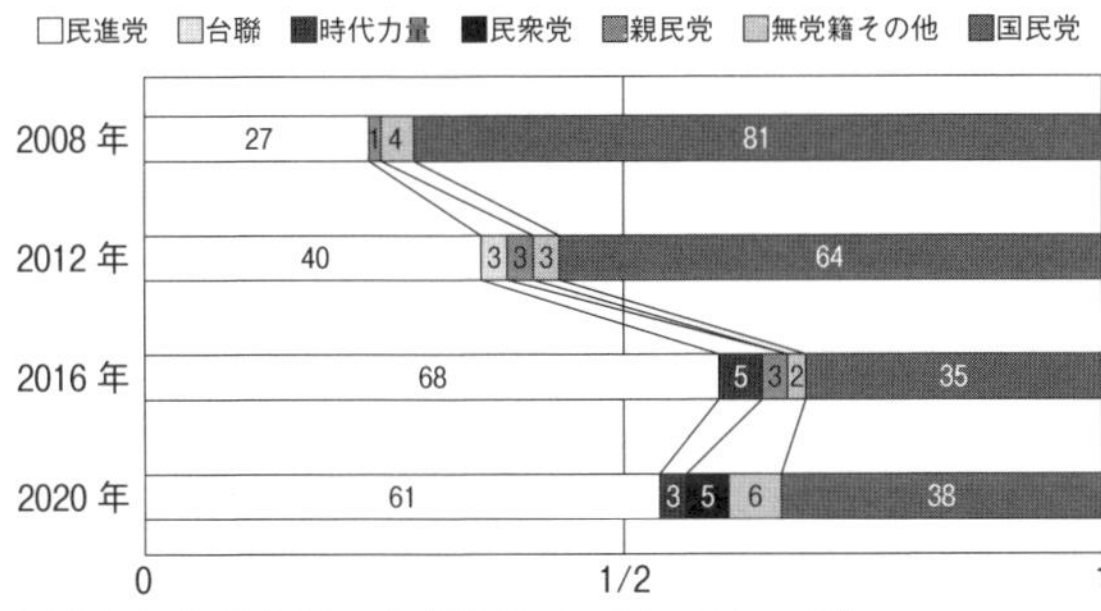

〈清水克彦『台湾有事』平凡社新書、2021年、23ページ〉

票率六六・三パーセントで、蔡英文（民進党）が朱立倫（国民党）を三〇〇万票以上引きはなして当選しました。

二〇二〇年の総統選挙では、中国・香港の民主化デモを香港政府が弾圧したことへの反発もあって、蔡英文の圧勝に終わりました（投票率七四・九パーセント、得票率五七・一パーセント）。中国が主張する「一国二制度」への台湾の人々の危機感が、その原動力となったと言えます。

Q2 台湾の人々は両岸関係をどう考えているのですか。

A 台湾と中国は、その関係について一九九二年に香港で協議をはじめ、二〇〇〇年にようやく合意に達したとして「九二コンセンサス」を発表しました。ところが、その内容をめぐって、「一つの中国」は堅持しつつ、その意味の解釈は双方で異なることを認めるとする台湾側と、双方とも「一つの中国」を堅持するとする中国側とで一致していません。

台湾には、本省人、外省人、客家、先住民、新住民などさまざまな人々が暮らしています（→一四ページ）。これらの人々が台湾と中国との関係を考えるときに、自分たちは「何人」なのかという意識

台湾人のアイデンティティーに関する調査（1992〜2020年）

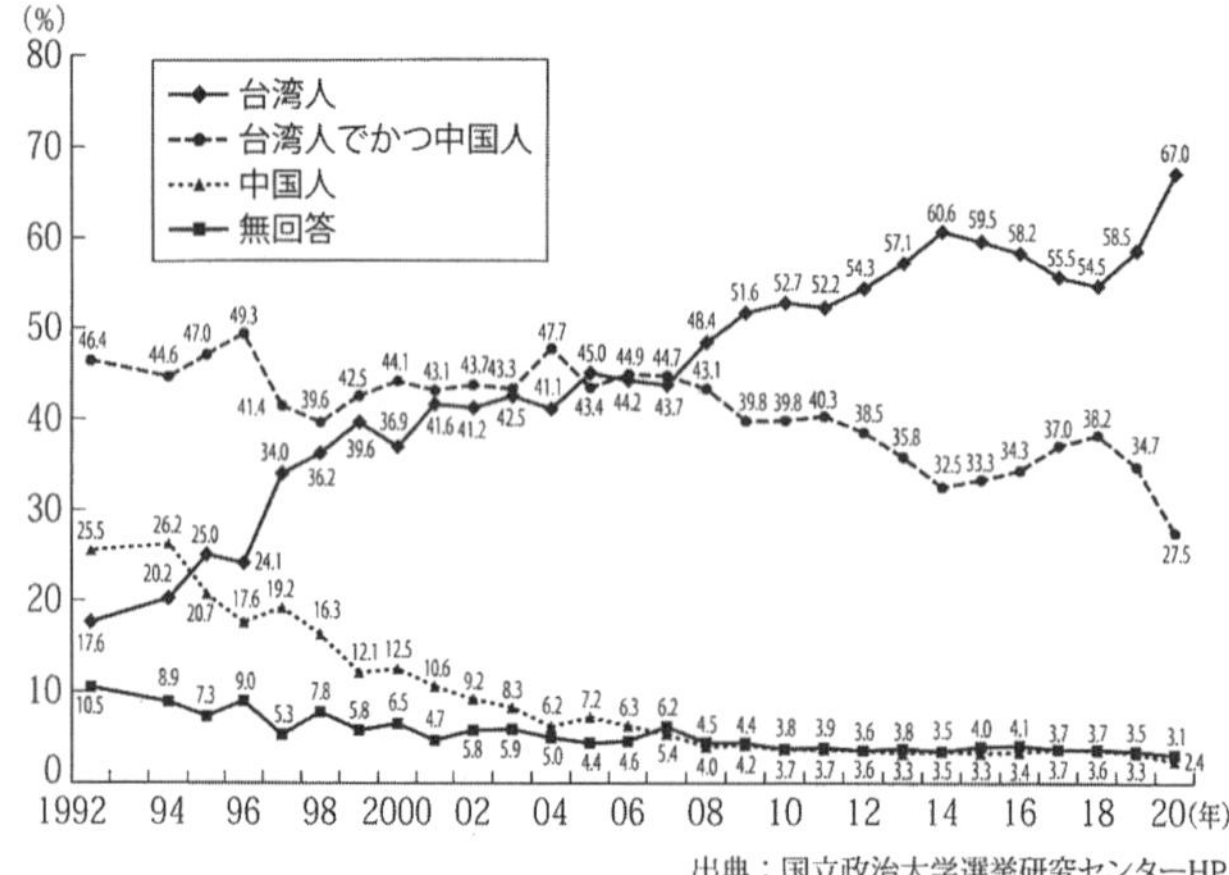

出典：国立政治大学選挙研究センターHP

〈佐藤幸人『蔡英文再選――2020年台湾総統選挙と第二期蔡政権の課題』日本貿易振興機構アジア経済研究所、2020年、24ページ〉

（アイデンティティー）と切りはなすことはできません。

　前のページの「台湾人のアイデンティティーに関する調査」のグラフからわかるのは、二〇〇八年くらいまでは「台湾人でかつ中国人」と考えていた人がもっとも多かったのですが、それ以降は「台湾人」と考える人が増えていることです。二〇二〇年には六七パーセントに達しています。逆に「中国人」と考えている人は二六パーセント（一九九四年）から減りつづけています。

　かつて台湾を支配していた外省人も世代が替わって、台湾生まれの人々が増え、その意識も変わりました。二〇代、三〇代の若い世代は「天然独（生まれながらの独立派）」と呼ばれるほどです。

　ただし、下のグラフを見てみると、台湾の人々が望む両岸関係の今後は「独立」がほぼ二〇パーセント、「統一」は一〇パーセント台、そして「現状維持」が六〇パーセントに上ることがわかります。つまり、「天然独」の若者たちも多くは現状維持を望んでいるのです。「台湾はすでに国家として実質的に独立しているのだから、わざわざ独立を宣言する必要はない」と考えているのです。

　そのため、この現状を破壊しかねない中台サービス貿易協定の押しつけには強く抗議し、香港の自治に対する中国政府の強権的な弾圧に反発することになったのです。再選が危ぶまれていた蔡英文を二〇二〇年に当選させた原動力は、こうした台湾の現状を維持しようとする人々の声でした。


台湾民衆の国家選択に関する調査（2000～2018年）

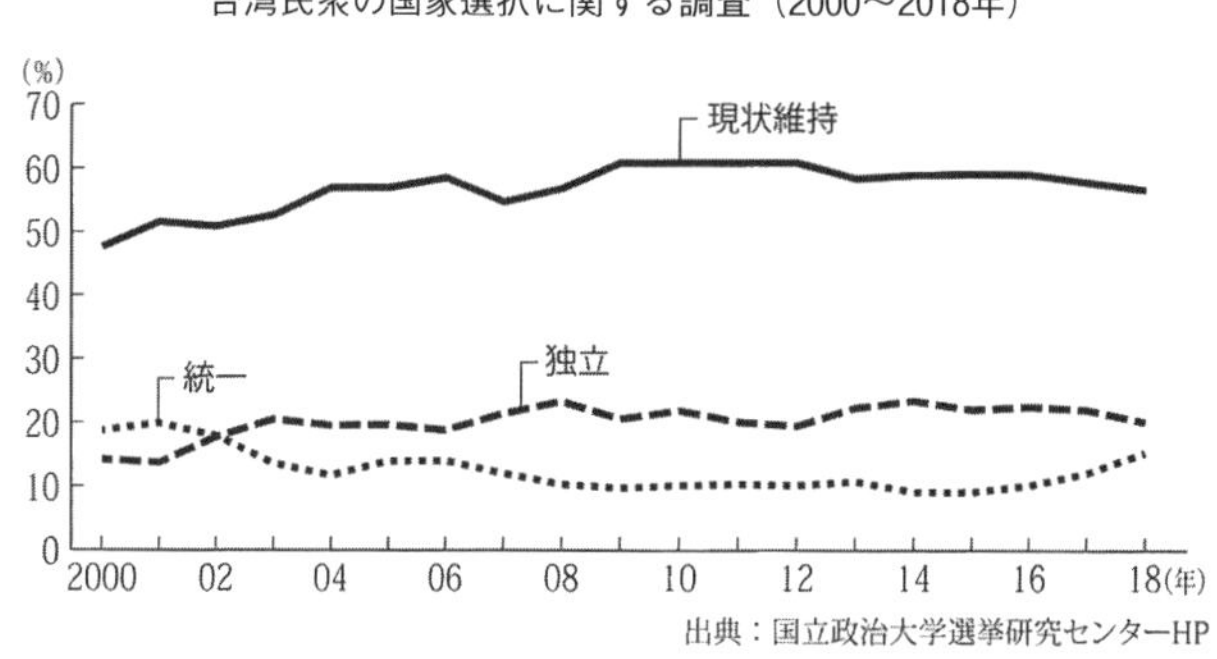

出典：国立政治大学選挙研究センターHP

〈同前、90ページ〉

Q3 世界最先端の半導体生産を台湾の企業が独占しているというのはほんとうですか。

ほんとうです。今、世界では半導体不足が続いています。コロナ禍で在宅勤務が増えたこともあり、パソコンなどの需要が増えています。さらに電気自動車や自動運転技術が急速に進み、車用の半導体が不足して、主要自動車メーカーのなかには減産をしている企業があるほどです。また、アメリカと中国のハイテク技術をめぐる主導権争いがはげしくなり、アメリカが中国に半導体に関する制裁を加えていることが、さらにその不足に拍車をかけています。

これまで、アメリカのインテル社などは自分の工場を持たずに、MPU（半導体チップ）の設計に特化して競争上の優位を占めてきました。そのシェアは世界の五〇パーセント前後を維持しています。

一方、そのMPUの製造に特化し、世界の半導体製造の五五パーセント以上を担っているのが、台湾のTSMC（台湾積体電路製造股份有限公司）です。また、韓国のサムスン社などはフラッシュメモリーの製造に特化して、世界の首位の地位を占めています。

このように、各国の半導体企業は、競争しながらも互いに製品をやりとりする水平分業体制を形づくってきましたが、アメリカと中国の対立がはげしくなり、製品を互いにやりとりするネットワークが遮断（しゃだん）されています。

このことを背景にＴＳＭＣは、これまで半導体の製造工場を中国に二カ所、アメリカに一カ所持っていましたが、さらにアリゾナ州に工場を建設しています。さらに、ＴＳＭＣと日本のソニー社は、熊本県に半導体製造の新工場を建設し、二〇二五年には出荷を始める予定だといいます。この工場は四兆円を超える経済効果を生むとされていますが、中国をにらんだＴＳＭＣの戦略のひとつでもあります。

Q4 「今日の香港、明日の台湾」とはどういう意味ですか。

A 台湾のひまわり学生運動に参加した学生たちが立法院から退去した五カ月後、香港では中国の影響増大に危機感を強めていた人たちが、香港政府に抗議して繁華街などを占拠する雨傘運動を始めました。香港政府の行政庁長官を有権者の投票で決める民主的な選挙を要求しましたが、香港警察に排除され、多くの逮捕者を出しました。

同じ二〇一四年に起きた台湾と香港の運動は、正反対の結末をもたらしました。その結果、台湾の人々は、中国政府が掲げる「一国二制度」に対する不信を募らせました。さらに、二〇一九年二月に、刑事事件の容疑者を中国政府の求めに応じて香港政府が引き渡せるように逃亡犯条例を変更しようとしたことに、香港内で猛烈な反発が起きました。容疑をかけられた人は、香港立法会（議会）への立候補を認められなかったり、当選しても無効にされたうえ、「犯罪者」として中国本土に送られてしまうかもしれないという危機感を爆発させたのでした。

六月には二〇〇万人を超える人々がデモに参加しましたが、香港政府は中国政府を後ろ盾にして、催涙弾（さいるいだん）、放水車、そして実弾まで使って徹底的に弾圧を加えました。

このような香港の動きを、台湾の人々が見のがすはずはありません。「香港の今日の動向は、台湾の明日を映す鏡だから」として、高校生や大学生の関心が高まり、香港から台湾に移住してきた人々への支援活動もさかんに行われています。

二〇一七年二月二八日に、台北市の二二八平和公園にある二二八記念碑★の前で、蔡英文総統は「すべての人民がともに過去に向きあおう」と二・二八事件（↓八四ページ）の責任の所在を明らかにする姿勢を改めて打ち出しました。中国からの介入で台湾の独立が脅かされた事件が過去にあったので、この作業を通してこそ、台湾の民主主義を確かなものにできるというのです。

香港から逃れた人に仕事を提供する目的で生まれた台北市内のレストラン「保護傘」

★ 一九九五年につくられた。

さらに読んでみよう

蔡英文（前原志保監訳）『蔡英文――新時代の台湾へ』白水社、二〇一六年

オードリー・タン

19 オードリー・タンと現代の台湾社会

二〇一六年に発足した蔡英文政権は、オードリー・タン（唐鳳）をデジタル担当政務委員（大臣）★に任命しました。当時三五歳、台湾史上最年少の就任です。日本の新聞社の取材で「連携する相手は」と問われてこのように言います。「ネットは全世界の人と人を結びます。私たちが連携を図ろうとしているのは民主主義国だけではありません。民主的でない国々にも民主主義や人権のために闘っている人々、独立したメディアがあります。メディアの記事が政権によって改ざんされ、見られなくならないように、私たちが構築した技術を世界に開放するつもりです」

★　IT担当大臣と報道されることもあるが、オードリー・タン自身が「デジタルとITはまったく別物」と語っている。「IT（Information Technology、情報技術）」とは機械と機械をつなぐものであり、「デジタル（Digital）」とは人と人をつなぐものだから、デジタルを活用して、協働型（参加型）民主主義を強化したいと主張する。

Q1 オードリー・タンの少年時代を教えてください。

A 一九八一年に台北市で、唐光華（とうこうか）と李雅卿（りがきょう）の「長男」として生まれたオードリーは、誕生後まもなく心臓の壁に穴が空いている病気であることがわかりました。両親は新聞記者として飛び回っていましたので、祖父母や叔父・叔母たちと一緒に暮らしました。祖母によると生後八カ月で言葉をしゃべりはじめたといいます。

幼いころから一人でものを考えることが好きで、子ども向けの科学雑誌を熱心に読んでいました。それでも、夜寝るときに「明日の朝、生きて目をさませるかな」と不安におちいることもありました。

国民小学（小学校）に通うようになると、まわりの子どもたちから「変わっている」として疎んじられるようになり、しだいに学校から気持ちが離れていったと言います。「私がいい成績をとると、クラスのみんなが腹を立ててなぐってきた」と当時をふり返っています。

両親も悩みながらもオードリーのありのままを受け入れるようになります。親として、どう子どもに向き合うべきかに大きな影響をあたえたのが『窓ぎわのトットちゃん』★でした。そして、家族でドイツに移り住んだときに通った学校で「子どもが間違えるのは当たり前」という教育と出会って、両親は自分たちの考えに確信を持ったのでした。

その後、台湾に戻ったオードリーは、台湾大学の学生に助けられながらインターネットの世界に飛び込み、コンピュータのプログラミングに夢中になります。国民中学（中学校）を中退し、一九九六年には国立政治大学の学生と一緒に会社を立ち上げました。オードリーが開発したプログラムを改良して発売したところ、全世界で利用されました。そのため、社員が一〇人にも満たない小さな会社にインテルなどの大企業が出資するようになりましたが、

★ 黒柳徹子の自伝（講談社、一九八一年）。台湾では一九八〇年代に『窗邊的小豆豆』として翻訳された。著者の黒柳徹子がトモエ学園に入学してから、アジア太平洋戦争中の疎開で東京を離れるまでの数年間の学校生活が描かれている。同学年の児童は全員で一〇人で、授業は時間割がない自由な環境だった。日本で一番売れた本と言われ、世界の多くの国でも翻訳されている。

すぐに退社してしまいます。オードリーの目的はお金をもうけることではなく、誰もが自由に使えるプログラムやソフトウェアをつくることにあったからです。

Q2 「オードリー・タンはスマホを使わない」というのはほんとうですか。

A iPhoneやAndroidなどの一般的なタッチスクリーン式のスマートフォンは使っていません。常用しているデバイスは、ちょっと見には「ガラケー」に見えますが、インターネット接続やアプリも入れることができ、さらにはプログラミングもできる二つ折りのものを使っています。タブレットを使うときは必ずタッチペンを使うそうです。

ここにはオードリー・タンの考え方が内在しています。指ですぐに操作できるようになると、常にスマホをスクロールしてしまい、しまいには依存症になりかねません。テクノロジーは人間を補助するもので、人間がテクノロジーの奴隷になるのはおかしい、という考え方です。

「AI（人工知能）」についても同様の信念を持っています。今の世界は、個人情報を収集してビッグデータを分析する「監視資本主義」に突き進んでいるように見えますが、オードリー・タンは、デジタル社会は人間の尊厳や自然の尊厳を守るものでなければならないと考えています。

その考えを、「ドラえもん」を例にあげて語っています。ドラえもんは、のび太を助ける存在ですが、「万能なドラえもんの世界」に連れていくのではなく、「今いるのび太の世界」にのび太がうまくなじむように助けています。そこには、のび太への共感があり、テクノロジーがその共感を支えるものとして設定されていると、オードリー・タンは受け取っています。

もう一つ例をあげています。「子どものころ、街を歩いていて車いすに乗った人を見たことがほとんどなかった。当時みんなが健脚で車いすの人がいなかったわけではない。戒厳令下の台湾は、体制に従うか抵抗するかしかない社会だった。嬉しいことに、この三〇年ほどで台湾はほんとうに変わってきた」つまり、社会が寛容に変わらなければ、車いすというテクノロジーを使えるようにならないと主張しているのです。

ひまわり学生運動（→一二八ページ）が起きたとき、オードリー・タンたちは立法院に駆けつけ、そのテクノロジーを駆使して全世界に院内のようすをネット中継しました。その結果、台湾内外で流されていたフェイクニュース★を打ち消し、政権側が強圧的な手段をとることを牽制しました。

若者たちとオードリー・タン（中央）

★ ニュースソースが明らかではない、偽の情報。

Q3 台湾のコロナ対策はうまくいったのですか。

A 世界をおおった新型コロナ・パンデミックの発端は中国の武漢（ウーハン）市でした。武漢の李文亮（リーウェンリャン）医師が、勤務先の病院の患者から未知の「SARSウイルス」を発見し、当局に検査結果などを送りました。二〇一九年一二月三〇日のことでした。これが[★1]新型コロナウイルスの最初の報告例だといわれます。

ところが、武漢市当局は「インターネット上で虚偽の内容を掲載した」として、翌月に李文亮医師たちに訓戒処分を下しました。[★2]その後、李医師は自身もコロナウイルスに感染し、二月に亡くなりました。

オードリー・タンは、台湾は早い段階で李文亮医師の情報に気づき、すぐに防疫（ぼうえき）を強化したと分析しています。

台湾の対応の早さは、過去のSARS感染症の経験にも裏打ちされていました。二〇〇二年に最初の感染者が発見されたSARS（重症性呼吸器症候群）は、二〇〇三年七月までに三七の国や地域で、八〇〇〇人以上の感染者と七〇〇人以上の死者を出しました。中国政府の隠蔽によってアジア各国に感染が拡大し、台湾にも広がりました。さらに、台湾最初の院内感染例となった和平医院でも隠蔽が行われ、院長が更迭されました。その後、遅ればせ

★1 世界保健機構は、この新型コロナウイルスによる感染症を「COVID-19」と命名した。

★2 二〇二〇年三月になって、李医師は新型コロナの抑制に模範的な役割を果たしたとして中国政府に表彰された。

ながらマスク着用などの対策がとられました。

このようなSARSのときの教訓として、台湾ではマスクと手洗いが感染防止に効果があると知られていました。そのため当局は、健康保険カードを使ったマスク配給制度をつくっていました。

しかし、二〇二〇年一月に台湾で最初の感染者が確認されたと報道されると、人々はコンビニや薬局に押し寄せました。そこでオードリー・タンたちは、健康保険カードによって実名を確認し、一週間に一人二枚のマスクを確実に買えるようにするシステムづくりに取りかかりました。八〇〇〇人とも言われるハッカーのコミュニティに協力を依頼して、どこに行けばマスクが買えるかを知らせる「マスクマップ」を三日でつくり上げたのです。その際、外国人労働者、高齢者、車いすの利用者など、不利な立場の人々のニーズを聞きとることをまず考えました。そうでなければ、そのシステムは国民全体に恩恵が行き渡らないからだというのです。

こんなエピソードもあります。新型コロナへの予防対策を進めていたとき、一人の少年の家族から「なぜ配給のマスクがピンク色なのか。うちの子は、こんなマスクをつけて学校に行ったらいじめられると言ってマスクをつけないんです」という訴えがありました。

翌日から衛生福利部の大臣をはじめ、職員がみなピンクのマスクをつけてカメラの前に立ちました。ロゴもすべてピンクに変えられました。この大臣は「感染症予防のヒーロー」と言われていたので、少年は学校一クールな存在として一目置かれるようになりました。

こうして、初期の感染抑止に成功した台湾は、一時は「コロナ抑止の優等生」と評価されたこともありましたが、二〇二二年以降、デルタ株の市中感染が広がり、急速に感染者が増えていきました。その後、オミクロン株などさまざまな新種が広がった結果、累計感染者数はおよそ四一九万人、死者は八〇〇〇人に達しています（二〇二三年四月現在）[★3]。

Q4 デジタル大臣に任命されたとき、性別欄に「無」と書いたというのはほんとうですか。

A ほんとうです。オードリーは二〇〇五年にブログで、自分がトランス[★1]ジェンダーであることを公表しました。「私の脳は、私は女性であると認めているのに、社会はそうふるまうことを許してくれない。このような状況に強い不安感をおぼえ、ネットの世界で暮らしてきた」が、これからは性別にとらわれずに生きていこうと思う、と宣言したのです[★2]。性別欄に「無」と書いたのは、「自分がしたいことをするのに、男性のすることか、女性のすることかなどと考える必要はない」と考えたからでした。

このように考えるのは、オードリー・タンが生まれたころから、台湾でジェンダー平等を粘り強く追求してきた人々がいたからでもありました。

★3　日本の同時期の累計感染者数は三三七〇万人、死者は七万四〇〇〇人である。人口一万人あたりに換算すると、台湾は〇・一八人（感染者）／〇・〇〇〇三人（死者）、日本は〇・二六六二人／〇・〇〇〇六人となり、感染者も死者も日本の半分程度であることがわかる。

★1　出生時に割り当てられた性別とは異なる性自認（ジェンダー・アイデンティティ）を持つ人のこと。対義語はシスジェンダー。（はじめてのトランスジェンダー」https://trans101.jp/term/ より）

★2　このとき、名前も唐宗漢から唐鳳（オードリー・タン）に変えた。

台湾のＬＧＢＴ運動は、二〇世紀の終わりごろからさかんになり、政府機関にも積極的に働きかけました。馬英九（ばえいきゅう）が台北市長時代に「ＬＧＢＴの公民権取得」を掲げて開催した「台北同阮節（どうげんせつ）」は、台湾で最初の政府主催のＬＧＢＴイベントでした。この運動に参加した人々が要求していたのが同性婚の法制化でした。二〇一七年には憲法裁判所が、同性婚を認めない民法は憲法に違反しているという判決を下し、二〇一九年にアジアで初めて同性婚を認める法律ができました。

一方で、女性の政治参加を積極的にうながすできごとも相次ぎます。台湾で総統の直接選挙が実現した後の一九九八年に、候補者の四人に一人はかならず女性に割り当てるクォータ制度★3を導入するよう、市民団体が政党や政府に粘り強く働きかけました。李登輝（りとうき）政権で内政部長（総務大臣）を務めていたのは女性の葉金鳳（ようきんほう）だったこともあって、二〇〇五年にクォータ制が実現しました。これによって、国政選挙の比例代表の議席のうち、女性が占める割合が五〇パーセントを下まわらないようになりました。

選挙で敗北した国民党も、民進党に対抗するためもあって、少なくとも比例区の候補者の四分の一を女性にすることを明記しました。二〇一八年の統一地方選挙で当選した女性議員は九一三人中三〇七人で、女性比率は三四パーセントに達していました。

反対派は、クォータ制度によって「優秀な男性議員が、より劣る女性議員のせいで出馬できなくなる」と批判していましたが、実際には女性の政界進

台湾女性立法委員数・比率の推移

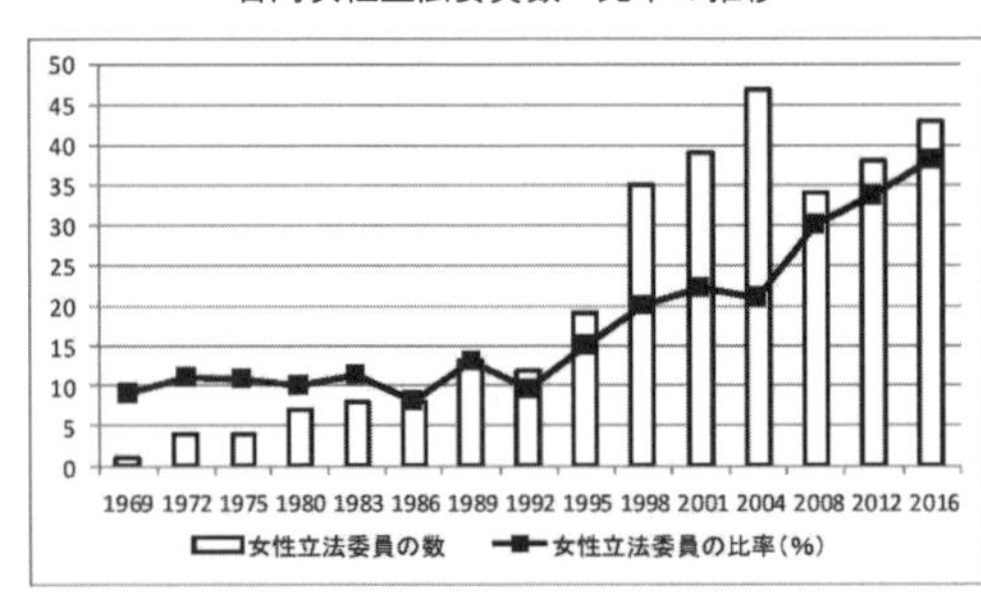

〈辻由希「台湾における女性議員の持続的増加の要因――2016年台北市でのヒアリング調査から」、『東海大学紀要政治経済学部』48号、2016年、90ページ〉

★3　議員候補者の一定数を女性に割り当てる制度。女性の社会進出や、男女ともに働きやすく多様性のある社会を実現する手段と考えられている。

出は「能力の高くなかった男性議員の政界引退を促し……各党の女性幹部が増えたことに伴い、男性議員だけで談合する『料亭政治』を減少させる効果」[★4]を生んだといいます。

★4　石田耕一郎『台湾がめざす民主主義』（大月書店）より、台湾大学の黄長玲教授の言葉。

さらに読んでみよう

石崎洋司『「オードリー・タン」の誕生——だれも取り残さない台湾の天才IT相』講談社、二〇二二年

20 台湾の若者たちと哈日族（ハーリーズー）

台湾版『鉄腕アトム』（台北市内の書店）

台湾には、日本が好きでたまらないという若者たちがいます。食べ物は日本料理、見るのは日本のドラマ、映画。聴くのは日本の歌、使うものはすべて日本製。ぶらつくなら日系のデパートと、生活全体が日本一色です。このような若者は「哈日（ハーリー）族（ズー）」と呼ばれます。「哈」はホーロー語で「好きでたまらない」という俗語の一種です。「日」は日本、そして「族」は集団です。

最近は、韓国好きの哈韓族（ハーハンズー）と呼ばれる人たちも現れ、哈日族をしのぐとも言われます。こうした若者が増える一方、台湾でも少子化がどんどん進んでいます。

Q1 今でも哈日族はいるのですか。

A 台湾で哈日がもっともさかんなのは台北市西門町[★1]です。一〇〇年ほど前のこの地域は沼だらけの窪地でした。日本人の移民が増え、一九二二年に日本人によって付けられた西門町という名前が、今でも残っているの

★1　日本語では「せいもんちょう」、北京語では「シーメンティン」、ホーロー語では「セームンティン」と読む。

です。ここに行くと、いたるところに日本の商品があり、原宿や渋谷の町を闊歩しているのと同じようなスタイルの少女が歩いています。

この哈日の火付け役となったのが、哈日杏子（本名陳桂杏）でした。彼女が一九九七年に出版し人気を博したマンガ『早安！日本（おはよう！日本）』の中で「哈日」という言葉が初めて使われ、彼女自身もそれをペンネームとしました。ちょうど李登輝が総統に就任していた時代（一九八八〜二〇〇〇年）と重なっています。

当時、台湾の中高生に人気のあった日本のアニメは次のようなものでした。「風之谷」「美少女戦士」「宇宙戦艦大和号」「桜桃小丸子」「哆啦A夢」など[★2]です（もとの題名は注に書きました）。みな日本のアニメですが、話の設定や登場人物は無国籍または西欧的であり、多少アレンジを加えて、アジアに受け入れやすいようにしているともいえます。

また、「大長今」（邦題「宮廷女官チャングムの誓い」）が日本とほぼ同時期の二〇〇四年に放送され、台湾でも韓国ドラマのファンが急増しました。このドラマは、一介の宮女からついには王の主治医を務めるまでに至った女性の、波乱万丈の人生を描いた物語です。主人公のチャングムを通して、出身がどうであれ一生懸命に努力を重ね、難関を克服し、自分の人生を完成していく姿を多くの台湾人が評価したのです。主人公が女性だったことも、民主化が進んだ台湾で人気を博した原因の一つだったといえます。

その後、ドラマだけでなく、K-POPが若者を中心にブーム[★3]になってい

★2　それぞれ「風の谷のナウシカ」「美少女戦士セーラームーン」「宇宙戦艦ヤマト」「ちびまる子ちゃん」「ドラえもん」。

★3　韓国文化の人気が高まった現象を、台湾で「韓流熱風」と言いあらわしたものが広まって、日本や韓国でも「韓流」と言うようになった。

ます。最近では、ＢＴＳ（防弾少年団）の人気が爆発的で、二〇一八年の公演では空港でファンにもみくちゃにされるほどだったといいます。

台湾では、若者たちの祖父・祖母の世代にあたる人たちも、日本に対して特有の感情を持っていると言われます。

一九九四年に公開された映画「多桑」は、脚本家呉念真（ごねんしん）が自分の父親をモデルにして監督した作品です。「多桑」はホーロー語で「トウサン」と発音します。日本人は一人も出てきませんが、日本の影を感じさせます。鉱山で働く主人公は、植民地時代に日本語教育を受け、日本びいきです。やがて孫が生まれ、その孫が北京語で話したりすると「台湾人が外省人のガキを生んで、言葉が聞きとれねえ」とつぶやきます。彼が故郷を追われて坑夫となったのは、二・二八事件（→八四ページ）の犠牲者を弔（とむら）ったからでした。

台湾の人々は、日本の植民地時代には「日本人」になるよう仕向けられ、解放後は「中国人」になるよう仕向けられました。台湾の人々にとっては、どちらも借り物であり、したがって本物の自分たちの社会をつくろうと考えるのです。台湾はまさしくその過程にあるといえます。

Q2

台湾にもコンビニがありますか。

A 台湾では、街中では一〇〇メートルに一軒ずつコンビニ★があると言われるほどです。逆に、飲み物の自動販売機が日本ほど多くありません。空港・学校（とくに中学・高校が多い）・大きな公園・長距離バスの乗り場くらいにしか自動販売機はありません。

一九八〇年代に日本から進出したセブン-イレブン（統一超商）、ファミリーマート（全家便利商店）、ハイライフ（萊爾富国際）、OKマート（富群超商）などが店舗を増やしてきました。二〇〇四年に全国で八〇〇〇店であったコンビニエンスストアは、二〇二〇年には一万二〇〇〇店となり、一六年間で一・五倍に増えました。

コンビニに行くと、食品、飲み物、酒、煙草、生活用品など、さまざまな物が売っています。有料レジ袋も日本より早く導入しました。小さいレジ袋が一枚一元（四・六四円）、大きいのは二元です。弁当なども温めてくれます。コンビニに入ると茶葉蛋（チャーイエタン）の匂いがします。これは、茶に醤油や砂糖、八角などを入れたものに卵を殻のまま入れて煮込んだ、台湾独特の食べ物です。一つ一〇元ほどです。

首都台北市を囲む新北市は「幸せを守るステーション（幸福保衛兵站）」という政策をおし進めています。二〇一三年に始まったこのプログラムは、新北市で就学しているか住んでいる一八歳以下の子どもたちに、緊急の場合、大手コンビニ四社の店舗で無料の食事を提供するというものです。一回の食事はおよそ八〇元程度で、おにぎり二個とペットボトルの飲み物一本に相当

★ コンビニの一店舗あたりの人口は、韓国（一四九一人）に次いで台湾（二二四八人）、日本（二二三五人）の順である。

台北市のファミリーマート

します。費用はすべて寄付でまかなわれています。

さまざまな理由で食事をとることが困難になった子どもたちを救済することはもちろん、児童虐待や家庭内暴力のおそれのある家庭を見つけ出すことも目的の一つでした。

国民小学一年生のある女の子は、母親が精神不安定のために失業し、目に障害のある祖母に育てられていました。三人は祖母の障害者手当など月七〇〇〇元で暮らしていましたが、女の子は空腹に耐えられず、コンビニに助けを求めました。この結果、この家庭の困窮を新北市も知るところになったと新聞で報道されました。

このプログラムが主に国民小学（小学校）以上の子どもたちを想定していることや、地方自治体の部局間の協力がむずかしいこともあって、取り組みはなかなか広がらないといいます。それでも、コンビニのネットワークがつくられている地域で、隠れていて見えにくい社会問題に取り組むことは、コンビニがさらに地域に根ざす一つの方法ではないでしょうか。

Q3

台湾の少子化の特徴は何ですか。

A

二〇〇五年九月、台湾東部の花蓮(かれん)県にある富南(ふなん)国民小学では、新入生が一人もいない、さびしい新学期が始まりました。このような学校が台湾各地に生まれ、廃校を迎える学校も後を絶ちません。

一九五一年には七・〇四だった特殊合計出生率★も、二〇一九年には一・〇五と世界でも最低の水準となり、急速に少子化社会に変化していきました。

台湾の少子化の原因として、育児費用が高く家計への負担が重いことや、家庭と仕事の両立がむずかしいため、女性の出産意欲が高まらないことがあげられています。さらに、労働条件の悪化、そして高学歴化や晩婚化・非婚化などが指摘されています。台湾政府も、二〇〇〇年代半ばから少子化対策に取り組みはじめましたが、主に出産・育児手当てなどの就学前の対策に重点を置いていたため、効果が薄いという批判もあります。

台湾の民主化にともなって女性の高学歴化と社会進出がすすみ、女性が男性に依存することなく、精神的にも経済的にも自立することが可能となりました。そのため、働く女性が安心して妊娠・出産・育児ができる環境をつくっていくことが少子化への解決策になると言われています。さらには、シングルマザー、シングルファザーへの支援も必要です。

ところが、台湾の少子化にはもう一つ見逃せない原因があります。親族が男児を欲しがる傾向がそれです。憲法では男女平等となっていますが、「家名を存続させるため、息子を一人は持つ」という父系主義が根強いためです。さらに中国との対立は兵役の重要性を増大させ、いっそう男児が必要となり

★ 一人の女性が一生に産む子どもの数。日本でも一九五〇年ごろには四・五だったが、一九七五年に二を割り込み、二〇一九年には一・三六となった。

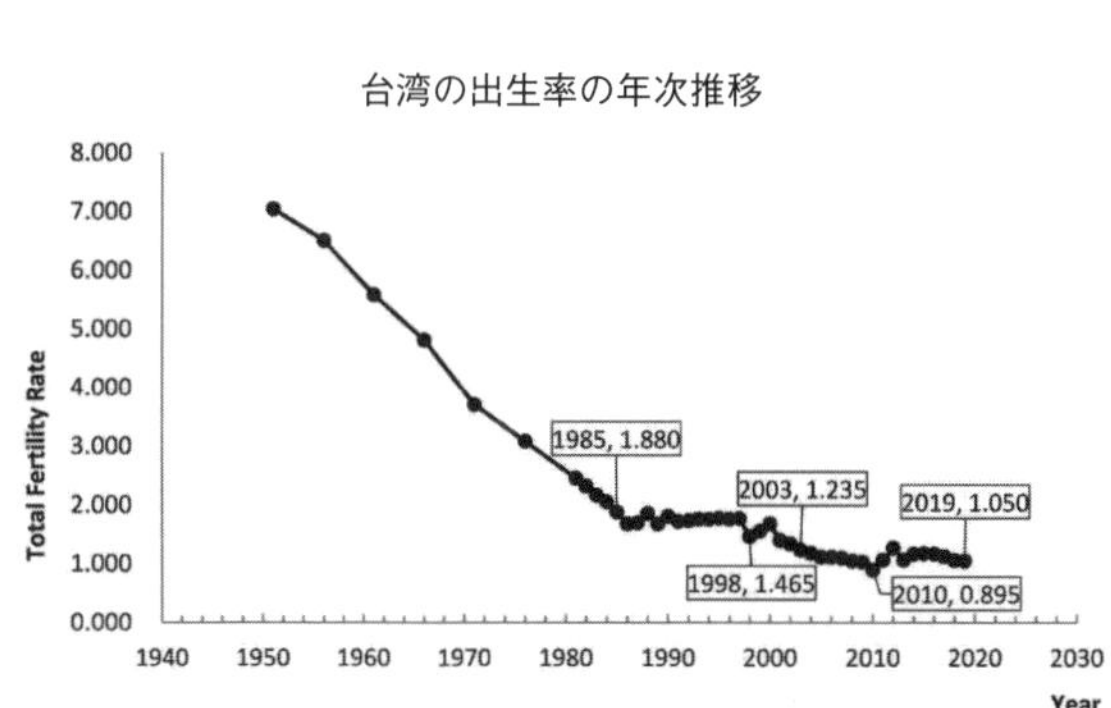

〈劉語霏「台湾における少子化と教育問題――高等教育の拡大政策と女性の高学歴化に着目する」、『家族社会学研究』3212号、2020年、214ページ〉

ます。

実際に、女児に対する男児の出生比率は生物学的には一・〇五ほどですが、台湾では一・〇七六（二〇一七年）です。一九八〇年代半ばからこのような傾向が続いてきました。女子よりも男子が多く生まれるため、結婚する時期になっても相手のいない男性が増え、少子化をさらに進めています。

さらに読んでみよう

水野俊一『台湾の若者を知りたい』
岩波ジュニア新書、二〇一八年

21 台湾の先住民として生きる

台湾の民主化と歩を一にして、先住民の権利が認められるようになりました。漢人名しか認められていなかった戸籍も、先住民の名前で登録できるようになりました。また、原住民族基本法では、伝統的に先住民の土地とされる場合には、その開発や保全にあたって先住民の権利を認めると記しています。

台湾に住むさまざまな民族が同等の権利をもつという考えが、しだいに台湾社会に浸透していけばいくほど、民族は異なってもみな「台湾人」だという意識も強まっていきます。しかし、それは中国から見ると「台湾独立」の主張のように見えます。

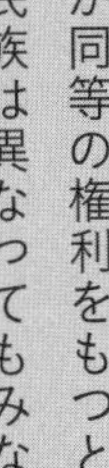
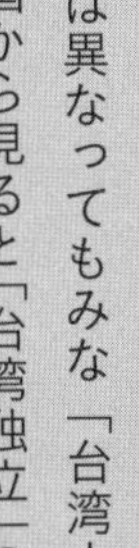
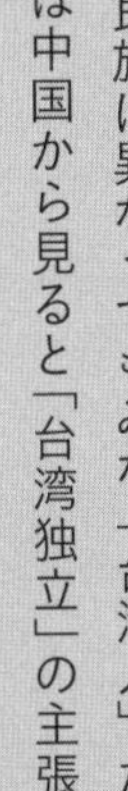

正装したツォウ人

Q1 先住民は、自分たちのことは自分たちで決めたいと考えているのですか。

A 先住民の中でも比較的人口の少ないツォウ人は、台湾最高峰の玉山(ぎょくさん)の西側などに住んでいます。「ツォウ」とは「人」という意味のツォウ語です。嘉義(かぎ)県に住むツォウの人々には洪水伝説が伝わっています。

「大昔、洪水があってパトンクオヌ（玉山のこと）に避難した。洪水が引くと小さな集団に分かれてあちこちに移動し、平地に住み、粟を栽培するようになった」

その後のオランダ人との交渉についても伝えられています。さらに、清の統治下で大陸から大勢の人々が移り住んでくると、平地に住んでいたツォウが「プートゥ（漢人）に押されてしだいに山の奥へと退いた」という伝承もあります。

村の青年教師だったウォグ・ヤタウユガナは、アジア太平洋戦争が始まると、若者たちが日本軍に志願するのを止めようとし、日本人警察に取り調べを受けました。戦後、一九四七年に二・二八事件（↓八四ページ）が起きると、ツォウの若者たちも嘉義の弾薬庫を占拠し、飛行場での戦闘に参加しました。それから数年後、リーダー六名が呼び出され、逮捕されました。ウォグら四名は反乱罪で処刑され、二名は長く刑務所生活を送りました。

ウォグは、たくさんの曲を自作し、今も村の人々に歌いつがれています。また、ツォウ人による自治を構想していたともいいます。

台湾には原子力発電所が三つあり、電力の二〇パーセントほどをまかなっています。台北県貢寮郷に建設を予定されていた第四原子力発電所は、日本が輸出した初めての原子炉でした。台北市から四〇キロメートルしか離れていないこの地域に住んできた先住民族ケタガラン人は、祖先の遺跡が多いこの地域に原発を建設することに強く反対していました。特に、二〇一一年三

建設中の第四原子力発電所。左は抗日記念碑
〈CC by Toach japan〉

月の福島第一原子力発電所の事故の発生によって、多くの人々が脱原発の気持ちを強め、二〇二一年の住民投票によって、ついに第四原子力発電所の建設が断念されました。

Q2 先住民と他の先住民の関係はどうなっていますか。

A 一九九〇年代に「誰がこの衣装を着るのだろうか」「歌が好きなアミの少女」などの作品を書いた作家のリカラッ・アウーは、一九六九年、台湾南部の屏東（へいとう）市で外省人の父と先住民族のパイワン人の母から生まれました。父と母は二五歳も年が離れ、父は繰り返し故郷の安徽（アンホイ）省の話を語っていたと、アウー自身が回想しています。母のことをまわりの人々は「蕃婆」と呼んでさげすみ、アウー自身もよくわからないまま、母と並んでは歩かなかったといいます。自分を外省人二世だとばかり思いこんでいましたが、代用教員になってワリス・ノカンと出会い、人生が変わりました。

ワリスは、一九六一年生まれのタイヤル人（↓一五ページ）です。台中師範専科学校を卒業し、兵役を終えると国民小学の教師となりました。高級中学★1時代から創作を始めていましたが、先住民としての意識をもち、小説、ルポルタージュなど数多くの作品を発表していました。

左から母イナ、アウー、祖母ブブ
〈『台湾原住民族の現在』草風館より〉

★1 高級中学は日本の高校にあたる。

アウーは、ワリスと出会うまで現代文学にふれたことがありませんでした。創作活動などを堅苦しいものと思ってきたアウーは、日常の生活を書くことで目が開かれたと語っています。二人が結婚したのは、ちょうど戒厳令が解除された一九八七年のことでした。アウーの母の故郷で、パイワン人の伝統にのっとって結婚式を行いました。このことは、アウーがパイワン人として生きることの宣言でもありました。

そして、二人は雑誌『猟人（りょうじん）文化』★2を創刊しました。先住民に伝わる神話や伝説、文化の紹介、先住民をたずねてのルポルタージュが中心で、台湾各地で活動する先住民文化人の紹介も行いました。さらに、霧社事件（→六四ページ）などの抗日事件や、二・二八事件以降に国民党による弾圧で犠牲になった先住民の調査にも力を注ぎました。★3

このようにして、しだいに自分らしさとは何かを考えていったアウーは、同時に女性としての自分にも目を向けるようになり、男性中心の社会に批判的になっていきました。夫を育んだタイヤル文化は、父系性が強い男性中心の文化であり、台湾の多数派である漢人社会もやはり男性中心の社会です。それに比べるとパイワン社会は母系社会で、女性の地位は比較的高かったのです。「たくましい祖母や母のように生きたい」とアウーは考えました。

一方、「台湾先住民の運動は台湾の民主化と結びつき、漢民族の助けも得て行われてきた」と主張する先住民族のピュマ人のパラバン（孫大川（そんだいせん））は、二〇〇九年に行政院原住民族委員会の委員となり、これまでの運動によって

ワリス・ノカン
〈『台湾原住民文学選3　永遠の山地』草風館より〉

★2　先住民族としてのアイデンティティーを強く主張するため、「狩人」の意味をこめて「猟人」という名称をつけた。

★3　アウーはこの活動を通して、国民党員だった父が白色テロの時代に政治犯とされたことを知る。

先住民には、自分の村のことだけを考えるのではなく、台湾の先住民であるという自覚が生まれてきたと語っています。

Q3 「新しい住民」というのはどういう人たちですか。

A 台湾人と結婚するなどして、台湾に住みはじめた海外出身の人たちのことを言います。台湾は、外国人労働者の受け入れでも国際結婚でも、アジアでもっとも国際化が進んだ社会です。

台湾では、一定の条件のもとで、介護労働者や家事労働者を外国からやとい入れることが認められています。そのため、全土で二パーセント弱の家庭がなんらかの形で外国人と暮らしています。主にインドネシアやベトナムなど東南アジアの人々です。

国際結婚も年々増加し、最近では二〇パーセント以上の人々が外国人と結婚しています。初めは、一九八七年に交流を始めた中国からの花嫁が多く、一九九〇年代半ばからは東南アジアからの女性を迎えることが主流となっています。

高雄(たかお)市内に住む五一歳の台湾人男性は、こう話しています。

「ベトナム人の妻（二五歳）と結婚して七年になる。離婚した前妻との間に三人の子どもがいたが、みな独立している。紹介所を通しての結婚でもあり、父は結婚に反対だったが、その父が病気で入院したとき、妻が親身になって看病してくれたので今は感謝している。妻の一番の悩みは、まだ生後八カ月の子の子育てだ。私との会話は中国語だが、彼女は近所の人々が話すホーロー語はまったくわからない」

台湾にはベトナム人の社会的ネットワークがあり、それが彼女たちを支えていますが、台湾人との間にはやはり言葉や習慣の壁があります。台湾社会でも彼女たちは、子どもを産み、親を介護し、家族のためにつくすのが当然とされる一方、けんかをするたびに、姑に「子どもを置いて国に帰れ」とよく言われるといいます。

このような人々が台湾には六〇万人もいるといわれます。五〇万人の先住民を追いぬいてしまいました。台湾の人口がおよそ二三〇〇万人ですから、二・六パーセントを占めることになります。

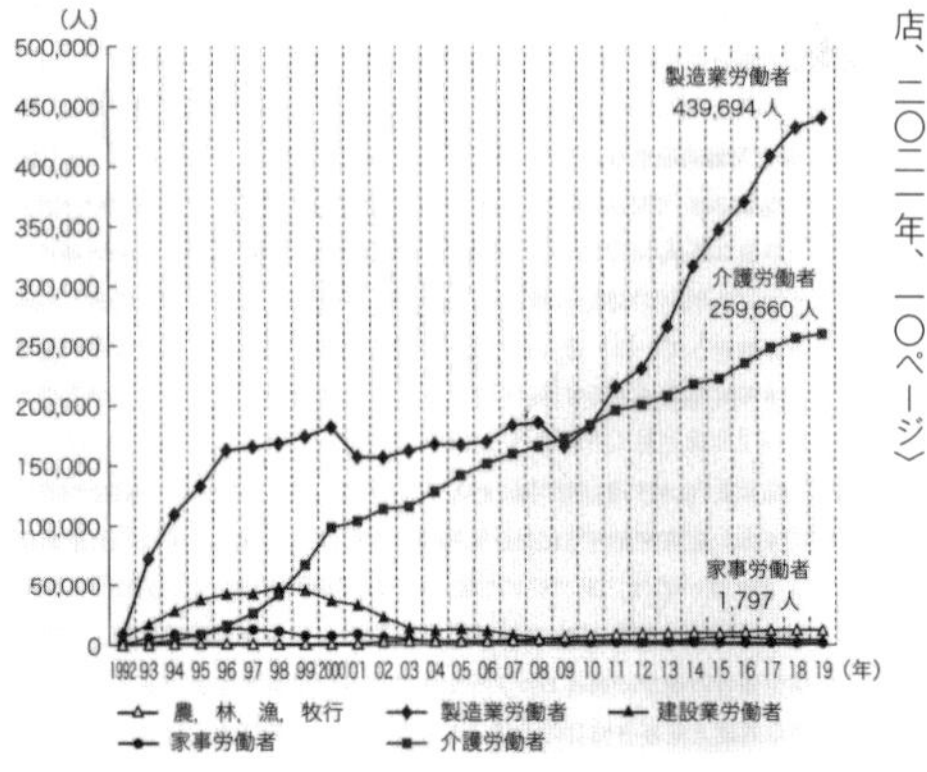

台湾の外国人労働者の業種別推移
〈鄭安君『台湾の外国人介護労働者――雇用主・仲介業者・労働者による選択とその課題』明石書店、二〇二一年、一〇ページ〉

Q4

台湾の歴史教科書は先住民をどのように描いていますか。

A

陳水扁政権以前の時代には、台湾の歴史は中国の歴史の一部とされ、授業ではほとんど教えられませんでした。

それが、一九九七年に初めて国民中学（中学校）で『認識台湾』（下図）という教科書を用いて台湾の歴史を学ぶようになります。台湾の歴史をまとまった全体像として記述した最初の教科書でした。

高級中学（高校）では二〇〇〇年から台湾の歴史を学ぶようになります。その他に、中国史や世界史も学びます。

高校の歴史教科書は、一九九五年から検定制度が取り入れられ、現在は八社の歴史教科書が発行されています。中でも『歴史 第一冊』（三民書局）は、台湾の高校生の三分の一が使っています。「第一章　一六世紀中葉以後の台湾と原住民」の大半の記述は、先住民の歴史や文化にあてられています[★1]（↓次ページ）。そして、「漢人と原住民の関係」「霧社事件」「多元的なエスニック集団」など、現在に至る台湾の歴史の要所で、先住民の歴史を記述しています。分量としては全体の五分の一強にあたります。先史文化はすべて、先住民の文化として詳しく紹介されています。

特に注目したいのは、多くの先住民がその存在を認められ、さらにまだエスニック集団として認められていない人々についても、その事実がしっかりと記述されているところです。

また、先住民の独自の文化を学ぶ実験校の試みが始まっています。たとえば台中市のある学校では、タイヤル人の狩猟文化を、地域の古老の協力を得て学んでいます[★2]。

『認識台湾（歴史編）』（一九九九年発行）

★1　エスニック集団とは「固有の伝統文化と我々意識を共有している人々による集団」をさす。

★2　実験校は、国民小学二六校、国民小中学二校、国民中学三校、高級中学一校など三二校ある（二〇二〇年）。

さらに読んでみよう

下村作次郎ほか編『台湾原住民文学選2　故郷に生きる』（草風館、二〇〇三）

薛化元主編（永山英樹訳）『詳説台湾の歴史——台湾高校歴史教科書』雄山閣、2020年、22—23ページ。

COLUMN

台湾の映画監督ウェイ・ダーション(魏徳聖)

映画監督のウェイ・ダーション(魏徳聖)は、霧社事件(→66ページ)を主題にした『セデック・バレ』(1部・2部合わせて6時間を超える。2011年)を監督し、ついで日本統治時代の嘉義農林学校の甲子園での活躍を描いた『KANO～1931　海の向こうの甲子園』(3時間、2014年)を総指揮しました。

『セデック・バレ』は、先住民役にはすべて先住民の俳優をあて、セデック語で語らせました。日本人警官役は日本語、漢人役はホーロー語を話します。中国語(北京語)の台詞はありません。セデック語を話せない俳優たちに口伝えで台詞を教えたといいます。先住民といっても、セデック語を話さない人々もいたからです。

一方『KANO』には、監督と野球部員のうち5人が日本人、3人が漢人、2人が客家人、4人が先住民(アミ人)として登場します。漢人は本来の姓を名乗っていますが、先住民はみな日本名です。

甲子園の準々決勝戦で、嘉義農校は札幌商業学校との試合に臨みますが、北海道と台湾の学校のチームが日本人の前で競い合うできごととして描かれます。

そして、その後日本人の部員はことごとく出征して戦死し、漢人と先住民の部員は生きのびる結末を迎えます。最後のシーンで、練習にも試合にも参加できなかった漢人の少年が、嘉義農校から甲子園に出場して、後に日本の野球界で活躍したことが付け加えられます。

魏徳聖はこれら二つの映画のテーマを、次のように語ります。

「映画で描かれるべきテーマは衝突です。20世紀前半の台湾には、日本人、漢人、先住民族などさまざまな文化がありました。日本が持ち込んだ西洋文化も台湾に入ってきました。文化衝突があちこちで起きていて、ストーリーの宝の山です。私はそれらを取り出して作品にしただけです」

左『KANO～1931　海の向こうの甲子園』
[発売元] ソニー・ミュージックソリューションズ　Ⓒ果子電影
右『セデック・バレ』
[提供] マクザム／太秦

さらに読んでみよう　野嶋剛『認識・TAIWAN・電影　映画で知る台湾』明石書店、2015年

林えいだい『台湾の大和魂』東方出版、2000
又吉盛清『台湾　近い昔の旅〈台北編〉』凱風社、1996
柳本通彦『台湾先住民・山の女たちの「聖戦」』現代書館、2000
鈴木茂夫『台湾処分　一九四五年』同時代社、2002
林えいだい『証言　台湾高砂義勇隊』草風館、1998
中村ふじゑ『タイヤルの森をゆるがせた台湾・霧社事件――オビンの伝言』梨の木舎、2000
黄華昌『台湾・少年航空兵――大空と白色テロの青春期』社会評論社、2005
田村志津枝『台湾人と日本人――基隆中学「Ｆマン」事件』晶文社、1996
又吉盛清『台湾支配と日本人』同時代社、1994
李濟『カラバンの少年』てらいん、1998
周婉窈『増補版　図説台湾の歴史』平凡社、2013
伊藤潔『台湾――四百年の歴史と展望』中公新書、1993
陳芳明『謝雪紅・野の花は枯れず――ある台湾人女性革命家の生涯』社会評論社、1998
林えいだい『写真記録 台湾植民地統治史――山地原住民と霧社事件・高砂義勇隊』梓書院、1995
林博史『ＢＣ級戦犯裁判』岩波新書、2005
保坂治男『台湾少年工　望郷のハンマー――子ども・市民と学ぶこの町の「戦争」と「平和」』ゆい書房、1993
有田芳生『私の家は山の向こう――テレサ・テン十年目の真実』文春文庫、2007
杉江弘充『知っていそうで知らない台湾――日本を嫌わない隣人たち』平凡社新書、2001
山本春樹ほか編『台湾原住民族の現在』草風館、2005
陳培豊『「同化」の同床異夢――日本統治下台湾の国語教育史再考』三元社、2001
鄭鴻生（丸川哲史訳）『台湾68年世代、戒厳令下の青春――釣魚台運動から学園闘争、台湾民主化の原点へ』作品社、2014
陳培豊『歌唱台湾――重層的植民地統治下における台湾語流行歌の変遷』三元社、2021

〔参考文献〕

赤松美和子・若松大祐『台湾を知るための72章（第2版）』明石書店、2022
陳千武『ビンロウ大王物語』かど創房、1998
陳舜臣『鄭成功――旋風に告げよ』（上・下）中公文庫、1999
殷允芃『台湾の歴史――日台交渉の三百年』藤原書店、1996
原田敬一『戦争の日本史19　日清戦争』吉川弘文館、2008
黄昭堂『台湾総督府』ちくま学芸文庫、2019
洪郁如『近代台湾女性史――日本の植民統治と「新女性」の誕生』勁草書房、2001
若林正丈『台湾抗日運動史研究（増補版）』研究社、2001
張季琳『台湾における下村湖人――文教官僚から作家へ』東方書店、2009
速水融『日本を襲ったスペイン・インフルエンザ――人類とウイルスの第一次世界戦争』藤原書店、2006
早乙女勝元編『母と子で見る30　台湾からの手紙――霧社事件・サヨンの旅から』草の根出版会、1996
河崎真澄『還ってきた台湾人日本兵』文春新書、2003
阮美姝『台湾二二八の真実――消えた父を探して』まどか出版、2006
楊威理『ある台湾知識人の悲劇』岩波同時代ライブリー、1993
吉田勝次『自由の苦い味――台湾民主主義と市民のイニシアティブ』日本評論社、2005
国永美智子ほか編著『石垣島で台湾を歩く――もうひとつの沖縄ガイド』沖縄タイムス社、2012
若林正丈『台湾――変容し躊躇するアイデンティティー』ちくま新書、2001
藤目ゆき監修『憤れる白い鳩　二〇世紀台湾を生きて――六人の女性のオーラルヒストリー』明石書店、2008
柳本通彦『台湾革命――緊迫！　台湾海峡の二一世紀』集英社新書、2000
陳水扁（及川朋子ほか訳）『台湾之子』毎日新聞社、2000
蔡英文（前原志保監訳）『蔡英文――新時代の台湾へ』白水社、2016
石崎洋司『「オードリー・タン」の誕生――だれも取り残さない台湾の天才IT相』講談社、2022
水野俊平『台湾の若者を知りたい』岩波ジュニア新書、2018
野嶋剛『認識・TAIWAN・電影　映画で知る台湾』明石書店、2015
下村作次郎ほか編『台湾原住民文学選2　故郷に生きる』草風館、2003
村上政彦『「君が代少年」を探して――台湾人と日本語教育』平凡社新書、2002
近藤伸二『反中vs.親中の台湾』光文社新書、2008
高木桂蔵『客家――中国の内なる異邦人』講談社現代新書、1991
酒井亨『哈日族――なぜ日本が好きなのか』光文社新書、2004
卜照彦『台湾の選択――両岸問題とアジアの未来』平凡社新書、2000
戴國煇『台湾――人間・歴史・心性』岩波新書、1988
河崎眞澄『還ってきた台湾人日本兵』文春新書、2003
胎中千鶴『植民地台湾を語るということ――八田與一の「物語」を読み解く』風響社ブックレット、2007
彭明敏『自由台湾への道――新時代の旗手・彭明敏自伝』社会思想社、1996
下山操子『故国はるか――台湾霧社に残された日本人』草風館、1999
与那原恵『美麗島まで』文藝春秋、2002
林歳徳『私の抗日天命――ある台湾人の記録』社会評論社、1994
王育徳・宗像隆幸『新しい台湾――独立への歴史と未来図』弘文堂、1990
林樹枝『台湾事件簿――国民党政権下の弾圧秘史』社会評論社、1995
東アジア文史哲ネットワーク『〈小林よしのり『台湾論』〉を超えて――台湾への新しい視座』作品社、2001
鈴木喜代春作・古川ひろし画『長輝少年の戦争――石垣島と台湾』北水、2000
陳千武『台湾人元日本兵の手記　小説集「生きて帰る」』明石書店、2008
片倉佳史『観光コースでない台湾――歩いて見る歴史と風土』高文研、2005
鄭清文『阿里山の神木――台湾の創作童話』研文出版、1993
林景明『台湾の「皇民化」教育――私は十五歳で「学徒兵」となった』高文研、1997

著者
三橋広夫（みつはし・ひろお）
1951年千葉県生まれ。元・公立中学校教員。日本福祉大学特任教授などを経て現在、早稲田大学非常勤講師。日韓教育実践研究会代表。
著書に本書初版（2012年）のほか『これならわかる韓国・朝鮮の歴史Q&A（第2版）』『これならわかるベトナムの歴史Q&A』（以上、大月書店）、『韓流時代劇をもっと楽しむ！ 朝鮮王朝のヒミツ』（永岡書店）、『歴史の授業を工夫する』（歴史民俗博物館振興会）ほか。訳書に『東アジアの歴史——韓国高等学校歴史教科書』『韓国歴史用語辞典』『帝国日本の植民地支配と韓国鉄道』（以上、明石書店）ほか。

装幀・本文デザイン　谷元将泰

これならわかる台湾の歴史Q&A　第2版

2023年8月22日　第1刷発行

定価はカバーに表示してあります

著者　三橋広夫
発行者　中川　進

〒113-0033　東京都文京区本郷 2-27-16
発行所　株式会社　大月書店
印刷　太平印刷社
製本　中永製本
電話（代表）03-3813-4651　FAX 03-3813-4656　振替00130-7-16387
http://www.otsukishoten.co.jp/

ISBN978-4-272-50228-8　C0022　Printed in Japan

すっきり！わかる歴史認識の争点Q&A
歴史教育者協議会編
A5判一六〇頁
本体一五〇〇円

ハッシュタグだけじゃ始まらない
東アジアのフェミニズム・ムーブメント
熱田敬子・金美珍
梁・永山聡子ほか編著
A5判一七六頁
本体一八〇〇円

にじいろのペンダント
国籍のないわたしたちのはなし
陳天璽・由美村嬉々作
なかいかおり絵
A4変判三二頁
本体一七〇〇円

台湾がめざす民主主義
強権中国への対立軸
石田耕一郎著
四六判二五六頁
本体一八〇〇円

大月書店刊
価格税別

台湾の歴史年表

	日本	台湾
		旧石器時代
数十万年前	旧石器時代	
		新石器時代
5000		
1000	縄文時代	
500		
400		
300		
200		
紀元前100		
0	弥生時代	
紀元100		
200		
300		
400	古墳時代	
500	（飛鳥）	
600	（白凰）	
700	奈良時代	
800		
900		
1000	平安時代	
1100		
1200		
1300	鎌倉時代	先史時代
1400		
1500	室町時代	
1600	戦国時代	オランダの統治
1700	江戸時代	鄭氏政権
1800		清の統治
1900	大日本帝国	日本の支配
	日本	中華民国
2000		

1624 オランダ人の台湾上陸
1661 鄭成功、オランダ人を台湾から追放
1721 械闘はじまる
1894 日清戦争おこる
1895 下関条約により清から日本に割譲。台湾民主国樹立
1930 霧社事件
1945 中国に接収される
1947 二·二八事件
1949 国民党、台湾に逃れる
1975 国際連合を脱退
1979 美麗島事件
1988 李登輝、総統となる
2000 陳水扁、総統となる
2010 両岸経済協力枠組協定が結ばれる
2014 ひまわり学生運動起きる
2016 蔡英文、総統となる
2020 新型コロナウイルス感染症広がる